PACIFIC PARK

5
12/08

GLENDALE PUBLIC LIBRARY
222 East Harvard St.
Glendale, CA 91205

china y tailandesa

degustis

Publicado en 2003 por Advanced Marketing, S. de R.L. de C.V.
Bajo el sello Degustis

Publicado por primera vez en 2001
© 2001 The Foundry

© 2003 Advanced Marketing, S. de R.L. de C.V.
Aztecas # 33 Col. Sta. Cruz Acatlán
Naucalpan, C.P. 53150 Estado de México
México

ISBN: 970-718-067-6

01 02 03 04 05   03 04 05 06 07

Impreso en Italia / Printed in Italy

RECONOCIMIENTOS:

Autores: Catherine Atkinson, Juliet Barker, Carol Tennant,
Liz Martin, Mari Mererid Williams y Elizabeth Wolf-Cohen
Consultor Editorial: Gina Steer
Editor del Proyecto: Karen Fitzpatrick
Fotografía: Colin Bowling y Paul Forrester
Economas y Estilistas Domésticos: Jacqueline Bellefontaine, Mandy Phipps, Vicki Smallwood y Penny Stephens
Equipo de Diseño: Helen Courtney, Jennifer Bishop, Lucy Bradbury y Chris Herbert

Todos los accesorios fueron proporcionados por: Barbara Stewart de Surfaces
Traducción: Concepción O. De Jourdain, Laura Cordera L.

NOTA:

Los platillos que llevan huevos crudos no deben administrarse a niños, personas de edad avanzada,
mujeres embarazadas o cualquier persona enferma.

Agradecemos especialmente a todos los involucrados en la publicación de este libro,
particularmente a Karen Fitzpatrick y Gina Steer.

CONTENIDO

CARNE

AVES

VERDURAS

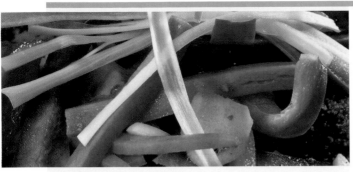

BOCADILLOS

HIGIENE EN LA COCINA

Vale la pena recordar que muchos alimentos pueden estar contaminados por algún tipo de bacteria. En la mayoría de los casos, esto puede causar una intoxicación o gastroenteritis, aunque para algunas personas esto puede ser aún más grave. Este riesgo puede disminuirse o eliminarse por completo teniendo higiene al manejar los alimentos y cocinándolos de una manera adecuada.

No compre alimentos con fechas de caducidad vencidas ni consuma ningún alimento que no deba usarse después de cierta fecha. Al comprar alimentos use tanto los ojos como la nariz. Si el alimento se ve marchito, aguado, tiene un color desagradable o huele rancio, feo o tiene un mal olor, no lo compre ni coma bajo ninguna circunstancia.

Tenga especial cuidado al preparar carne y pescado crudos. Debe usar una tabla de picar diferente para ellos; lavar el cuchillo, tabla y manos a conciencia antes de manejar o preparar cualquier otro alimento.

Limpie, descongele y ordene el refrigerador o congelador con regularidad.

Vale la pena revisar el empaque para ver exactamente cuanto dura cada producto en el congelador.

Evite manejar los alimentos si está enfermo del estómago ya que puede contagiar las bacterias al preparar alimentos.

Los trapos y toallas de cocina deben lavarse y cambiarse con regularidad. Lo más conveniente es usar trapos desechables, que deben sustituirse a diario. Los trapos más durables deben dejarse remojar en cloro y después lavarse en lavadora con agua caliente.

Mantenga sus manos, utensilios de cocina y superficies de trabajo limpias y no permita que sus mascotas se suban a ninguna de las áreas de trabajo.

COMPRA

Evite las compras en grandes cantidades siempre que le sea posible, especialmente de los productos frescos como carne, pollo, pescado, fruta y verduras; a menos que los compre congelados. Los alimentos frescos pierden su valor nutricional rápidamente, por lo que, al comprar en pequeñas cantidades se disminuye la pérdida de nutrientes. También evita el tener un refrigerador repleto, lo cual reduce la eficiencia del proceso de refrigeración.

Cuando compre alimentos empacados, como latas o tarros de crema y yogurt, revise que el empaque esté intacto y no esté dañado o perforado por ningún lado. Las latas no deben estar abolladas, perforadas o sucias. Revise la fecha de "compre antes de" incluso en las latas y paquetes de ingredientes secos como harina o arroz. Almacene los alimentos frescos en el refrigerador lo antes posible, no los deje en el coche ni en la oficina.

Al comprar alimentos congelados, asegúrese de que estén bien congelados tanto en el exterior como en el interior. Cerciórese de que hayan sido almacenados en una cámara que tenga el almacenamiento adecuado y cuya temperatura sea inferior a los -18ºC/-4º F. Empaque en bolsas térmicas para llevarlos a su casa y colóquelos en el congelador, tan pronto le sea posible después de la compra.

PREPARACIÓN

Asegúrese de que todas las superficies y utensilios estén limpios y secos. La higiene es un factor prioritario en todo momento.

Use diferentes tablas para picar carnes, pescados y vegetales crudos o cocidos. Actualmente hay una gran variedad de tablas de picar hechas de plástico de muy buena calidad en diferentes diseños y colores. Esto hace que se puedan diferenciar más fácilmente, además de que el plástico tiene la ventaja de poderse lavar a altas temperaturas en la lavadora de platos. (Nota: ¡Si usa una tabla de picar para pescado, primero debe lavarla en agua fría y después en caliente para evitar los malos olores!) También recuerde que los cuchillos y utensilios deben limpiarse a la perfección después de usarlos.

Al cocinar tenga especial cuidado en mantener separados los alimentos cocidos y crudos, para evitar que se contaminen. Vale la pena lavar todas las frutas y verduras, sin importar si las va a comer crudas o ligeramente cocidas. Esta regla debe aplicarse aun para hierbas y ensaladas pre-lavadas.

No recaliente los alimentos más de una vez. Si usa microondas, siempre cheque que los alimentos estén totalmente calientes. (En teoría, los alimentos deben llegar a los 70ºC/158ºF y deben cocinarse a esa temperatura por lo menos durante tres minutos para asegurar que todas las bacterias hayan muerto).

Todas las aves deben descongelarse completamente antes de usarse, incluyendo el pollo y los pollitos (poussins). Retire los alimentos del congelador y colóquelos en un platón poco profundo, para contener sus jugos. Deje los alimentos dentro del refrigerador hasta que estén totalmente descongelados. Un pollo entero de 1.4 kg/3 lb tomará cerca de 26 a 30 horas para descongelarse. Para acelerar este proceso sumerja el pollo en agua fría. Sin embargo, asegúrese de cambiar el agua con regularidad. Cuando las articulaciones se muevan con facilidad y no tenga hielo dentro de la cavidad, el ave estará completamente descongelada.

Una vez descongelado, retire la envoltura y seque el pollo. Colóquelo en un plato poco profundo, tapándolo ligeramente y almacénelo lo más cerca de la base del refrigerador como le sea posible. El pollo debe cocinarse cuanto antes.

Algunos alimentos pueden cocinarse al estar congelados, como es el caso de los alimentos empacados, como: sopas, salsas, platillos cocidos y panes. En este caso, siga las instrucciones del empaque.

Las verduras y frutas también se pueden cocinar al estar congeladas, pero la carne y pescado deben descongelarse con anterioridad. El único caso en el que se pueden volver a congelar los alimentos es cuando han sido descongelados totalmente y cocinados. Una vez que se hayan enfriado, pueden volver a congelarse. En estas ocasiones se pueden almacenar durante un mes.

Todas las aves de corral y de caza (con excepción del pato) deben cocerse totalmente. Una vez cocidos, soltarán jugos claros de la parte más gruesa del ave, el lugar más adecuado para revisar es el muslo. Otras carnes, como la carne molida o el puerco deben cocerse totalmente. El pescado debe tornarse opaco, tener una consistencia firme y romperse fácilmente en hojuelas.

Al cocinar restos, asegúrese de calentarlos totalmente y de hervir todas las salsas o sopas.

ALMACENAMIENTO
REFRIGERANDO Y CONGELANDO

L a carne, aves, pescado, mariscos y productos lácteos deben refrigerarse. La temperatura del refrigerador debe estar entre 1-5ºC/34-41ºF, mientras que la del congelador no debe ser mayor a los -18ºC/-4ºF.

Para asegurar la temperatura óptima para el refrigerador y congelador, evite dejar la puerta abierta durante mucho tiempo. Trate de no almacenar demasiadas cosas en el refrigerador ya que esto reduce el flujo de aire dentro de él y afecta su eficiencia para enfriar los alimentos.

Al refrigerar alimentos cocidos, deje que se enfríen antes de refrigerarlos. Los alimentos calientes elevarán la temperatura del refrigerador y posiblemente podrán afectar o echar a perder algún otro alimento almacenado.

Todos los alimentos refrigerados y congelados deben estar tapados. Los alimentos crudos y cocidos deben almacenarse en partes diferentes del refrigerador. Los cocidos deben mantenerse en las partes superiores, mientras que la carne, aves y pescado crudo deben guardarse en la parte inferior para evitar escurrimientos y contaminación. Es recomendable refrigerar los huevos para mantener su frescura y duración.

Tenga cuidado de no almacenar por mucho tiempo los alimentos congelados. Las verduras blanqueadas pueden almacenarse durante un mes; la carne de res, cordero, aves y puerco durante seis meses y las verduras sin blanquear y frutas en almíbar durante un año. El pescado en aceite y las salchichas pueden almacenarse durante tres meses. Los productos lácteos pueden durar de cuatro a seis meses, mientras que los pasteles y pastas pueden permanecer en el congelador de tres a seis meses.

ALIMENTOS DE ALTO RIESGO

A lgunos alimentos pueden representar un riesgo para las personas consideradas como vulnerables, como es el caso de la gente de edad avanzada, enfermos, mujeres embarazadas, bebés, infantes menores y aquellas personas que sufran de alguna enfermedad recurrente.

Se recomienda evitar los alimentos que mencionamos a continuación, ya que pertenecen a la categoría de alto riesgo.

Existe la pequeña probabilidad de que algunos huevos lleven la bacteria de la salmonela. Cocine los huevos hasta que la yema y la clara estén firmes para eliminar el riesgo. Ponga atención particular a los platillos y productos que contengan huevos ligeramente cocidos o huevos crudos, los cuales deben eliminarse de la dieta. Las salsas, incluyendo la salsa holandesa, mayonesa, mousses, soufflés y merengues llevan huevos crudos o ligeramente cocidos, al igual que los platillos con base de natillas, helados y sorbetes. Todos estos alimentos son considerados de alto riesgo para los grupos vulnerables que mencionamos con anterioridad.

Algunas carnes y aves también tienen el riesgo de infectarse con salmonela, por lo que deben cocerse totalmente hasta que los jugos salgan claros y no tengan ningún rastro de color rosa. Los productos sin pasteurizar como la leche, queso (en especial el queso suave), paté, carne (tanto cruda como cocida); tienen el riesgo de infectarse con la listeria por lo que deben evitarse.

Al comprar mariscos, busque un proveedor confiable que se surta con regularidad, para asegurar su frescura. Los pescados deben tener los ojos claros, la piel brillante y las branquias de color rosa o rojo brillante. Deben sentirse firmes al tacto, con un ligero olor a brisa de mar y yodo. La carne de los filetes de pescado debe ser translúcida sin ningún signo de decoloración. Los moluscos como las vieiras, almejas y mejillones se venden frescos y vivos. Evite aquellos que estén abiertos o no se cierren al tocarlos ligeramente. De la misma forma, los moluscos como los berberechos o caracoles, deben contraerse en sus conchas al picarlos ligeramente. Al elegir cefalópodos como calamares y pulpos elija los que tengan una consistencia firme y un agradable olor a mar.

Al igual que con el pescado, los crustáceos o mariscos requieren de cierto cuidado al congelarlos. Es necesario revisar si han sido congelados con anterioridad. En este caso, no deben volver a congelarse bajo ninguna circunstancia.

INGREDIENTES FRESCOS

La cocina china y tailandesa están entre las más importantes del mundo. Ambas comparten la filosofía del equilibrio, en donde el producto más fresco se combina con los sabores del seco, ingredientes salados y fermentados, conservas y condimentos. La mayoría de los ingredientes se pueden encontrar actualmente en los supermercados comunes, aunque algunos menos comunes se encuentran en las tiendas especializadas en alimentos asiáticos o chinos.

AJO

Este sazonador popular da sabor a casi todos los platillos tai y a muchos de los chinos. En Tailandia, las cabezas de ajo son más pequeñas y tienen la cáscara más delgada, por lo que a menudo se usan enteros, picados finamente o machacados. Elija ajos firmes, de preferencia con un tinte rosado, y almacénelos en un lugar seco y frío, pero no refrigere.

ALBAHACA

La albahaca morada, que tiene pequeñas hojas oscuras y tallos morados, frecuentemente se usa en la cocina tai. Puede sustituirse por albahaca dulce, que se obtiene con más facilidad.

APIO CHINO

A diferencia de la variedad occidental, los tallos de apio chino son delgados, huecos y muy crujientes y van desde el blanco puro hasta el verde oscuro. Usado como hierba o verdura, el apio chino a menudo se saltea o se usa en sopas y platillos asados.

BERENJENAS

Las berenjenas chinas son más delgadas y tienen un sabor más delicado que la variedad del Mediterráneo. Se usan en muchos platillos condimentados y algunas variedades, en Tailandia, se comen crudas remojándolas en alguna salsa.

BOK CHOI

También llamado pak choi. La variedad más conocida tiene tallos blancos ligeramente acanalados como los del apio y grandes hojas ovales y gruesas de color verde oscuro. El bok choi tiene un suave sabor fresco y ligero a pimienta y no tiene que cocerse durante mucho tiempo. De ser posible, elija los más pequeños ya que serán más suaves. Almacénelos en la parte inferior del refrigerador.

CASTAÑAS DE AGUA

Son bulbos de una planta acuífera de Asia que se parecen y tienen prácticamente el mismo tamaño que las castañas. Al pelarlas, la pulpa es muy crujiente. Algunas tiendas de abarrotes especializadas en productos orientales las venden frescas, aunque las enlatadas, ya sea enteras o rebanadas, son también una buena elección.

CEBOLLITAS DE CAMBRAY

Las delgadas y largas cebollitas de cambray son los bulbos inmaduros de la cebolla amarilla. Frecuentemente se usan en salteados ya que se cuecen en pocos minutos.

CILANTRO

El cilantro fresco es la hierba fresca más popular usada en la cocina tai. Se parece al perejil de hoja lisa, pero tiene un sabor fuerte y ligeramente cítrico.

Se usan las hojas, tallos y raíces, por lo que recomendamos comprar ramos frescos.

COL CHINA

Este vegetal verde es popular en la cocina tai. Tiene un sabor natural ligeramente amargo y por lo general se sirve blanqueado y acompañado por salsa de ostión. Al comprarlo, busque tallos firmes y frescos con hojas verdes y oscuras. Almacene en el cajón inferior del refrigerador hasta por cuatro días.

COL MOSTAZA DE CHINA

También conocida como *gaai choi*, esta planta de mostaza es similar a las coles. Toda la hoja se come, por lo general picándola para las sopas y salteados a los que da un sabor fresco y astringente.

CHALOTES

Miembros pequeños y de sabor suave de la familia de la cebolla, los chalotes tienen cáscaras de color cobre. Úselos de la misma forma que las cebollas o rebánelos finamente y saltéelos para usarlos como guarnición.

CHÍCHAROS CHINOS

Estas vainas suaves de chícharos verdes, con pocos chícharos planos, tienen una deliciosa consistencia crujiente. Para poder cocinarlos, simplemente retire las orillas y jale las hebras de ellas.

CHIILES

Hay muchas variedades diferentes de chiles y por lo general, entre más pequeños sean más picantes serán. Los chiles rojos por lo general son más suaves que los verdes porque se suavizan al madurarse. Los chiles verdes o rojos pequeños, delgados y alargados de la cocina tai son muy picosos y fuertes. Los cocineros tai a menudo incluyen sus semillas en el platillo, pero para moderar el picor, raspan o desechan las semillas.

CHINESE KEYS

A pesar de su nombre, este tubérculo a menudo se usa en la cocina tai y rara vez en la china. Pertenece a la familia del jengibre y tiene un sabor aromático y dulce que combina con los curries tai.

DURIAN

Esta fruta tropical de gran tamaño, con cáscara espinosa, tiene un aroma tan desagradable que se prohíbe en el transporte público así como en los hoteles de Bangkok. Es caro comprar la fruta entera, pero en ocasiones puede comprarla en paquetes congelados de trozos sin piel.

EJOTE CHINO LARGO

Si bien no tiene relación con los ejotes franceses, son similares en apariencia, aunque aproximadamente cuatro veces más largos. A medida que crecen, empiezan a enrollarse y a menudo se venden en puños rizados. Existen dos variedades: el verde claro y otro mucho más oscuro y delgado. Son muy populares y pueden encontrarse en grandes cantidades en los mercados chinos. Los cantoneses a menudo los cocinan acompañados de frijoles negros o cuajado de soya fermentado y se fríen en Sichuan. Almacene en una bolsa de plástico dentro del refrigerados hasta por cuatro días. Para prepararlos, corte a lo largo y use exactamente de la misma manera que los ejotes franceses.

ELOTES MINIATURA

Estas pequeñas mazorcas suaves, de aproximadamente 7.5 cm/3 in de largo, agregan una textura crujiente y un dulce sabor a muchos platillos. Al comprarlos, asegúrese de que sean de un color amarillo brillante, que no tengan manchas cafés y que estén firmes y crujientes.

ESPINACA DE AGUA

Se cultiva en toda Asia y no tiene ninguna relación con la espinaca ordinaria. Sus hojas son largas y suaves y sus tallos son finos y delicados. La espinaca de agua necesita poco tiempo para cocerse. Se cuece de la misma forma que la espinaca común, ya sea al vapor, salteada o agregándola a sopas.

FRIJOLES NEGROS

Estos pequeños frijoles de soya de color negro también se conocen como frijoles negros salados, ya que se han fermentado con sal y especias. Se venden sueltos o enlatados en las tiendas de abarrotes chinos; tienen un delicioso sabor y a menudo se usan con jengibre y ajo, con los que tienen una afinidad muy peculiar.

GALANGAL

Este rizoma, llamada laos o ka en Tailandia, se parece al jengibre, pero su cáscara es de color rosado y su sabor es más complejo y suave. Quite su piel delgada y rebane o ralle la pulpa. Ya rebanada puede almacenarla en un recipiente hermético dentro del refrigerador hasta por dos semanas. Si no la encuentra, puede sustituirla por jengibre.

GERMINADO DE FRIJOL

Son los retoños del frijol mongo que se pueden encontrar empacados en la sección de frutas y verduras de la mayoría de supermercados. Agregan una maravillosa textura crujiente al agregarlo a los salteados y toman sólo un minuto o dos para cocerse. Es mejor retirar y desechar la raíz de color café de cada retoño. Este proceso, aunque toma tiempo, mejora la apariencia del platillo.

HIERBA-LIMÓN

Se parece a las cebollitas de cambray pero es más fuerte. Los tallos deben golpearse para que suelten el sabor a limón durante el cocimiento y retirarse antes de servir. O, si lo desea, retire las capas externas y pique el corazón muy finamente.

HOJAS CHINAS

También conocidas como col china, las hojas chinas parecen una gran lechuga apretada con hojas arrugadas de color verde claro. Agregan una consistencia crujiente a los salteados

HOJAS DE LIMA KAFFIR

Las hojas verde oscuro, suaves y brillantes vienen del árbol de lima kaffir y son muy buscadas para la cocina tai. Agregan un sabor cítrico muy particular a los curries, sopas y salsas. Cómprelas en los supermercados grandes y tiendas especializadas en alimentos orientales. Manténgalas en una bolsa sellada de polietileno dentro del refrigerador. También puede usar la cáscara de limón sin semilla como una alternativa.

HONGOS

Los hongos oyster, tienen un suave sabor y su consistencia es delicada y resbalosa, a menudo se usan en la cocina china. Actualmente se cultivan y encuentran fácilmente. El color de su botón, en forma de abanico, da al hongo su nombre, aunque también pueden ser rosas, amarillos o grises. Córtelos en trozos largos y triangulares, siguiendo las líneas de la base, sin cortar los más pequeños y cocine. Los hongos shiitake originalmente eran orientales, pero actualmente son cultivados en todo el mundo. Por lo general se usan secos en la cocina china, pero también pueden usarse frescos. (Los botones tienen un sabor fuerte y por lo general se rebanan, desechando sus tallos.) Cocine los hongos durante poco tiempo ya que pueden endurecerse si se cocinan demasiado. Los hongos straw algunas veces se conocen como hongos dobles debido a su forma, parecen dos hongos que crecen pegados. Son pequeños y de color café claro con un tallo de color pálido.

JENGIBRE

La raíz fresca del jengibre tiene un picante y fresco sabor a especia. Por lo general, se pela y pica finamente o también se ralla. (Varíe la cantidad de jengibre a su gusto). Si sólo desea una insinuación, rebane toscamente y agregue al platillo mientras se cuece y retire justo antes de servir. Es mucho mejor usar jengibre fresco que jengibre en polvo, el cual pierde su sabor rápidamente. El jengibre fresco debe estar firme al comprarlo. Si tiene más del que necesita, puede usarlo durante la semana. Almacénelo en el congelador, ya que se puede rallar congelado.

KRACHAI

También conocido como jengibre menor, éste es más pequeño y menos fuerte que el jengibre o el galangal. Se puede comprar fresco o seco en pequeños paquetes en las tiendas de alimentos orientales.

MOOLÍ

También conocido como *daikon* o rábano blanco, parecen pastinacas blancas (pertenecen a la misma familia que los rábanos). Tienen un sabor fresco a pimienta y a menudo se usan en ensaladas, peladas y finamente rebanadas o ralladas. También se pueden cocer, pero como tienen un alto contenido de agua, deben salarse previamente, para extraer un poco del líquido, y enjuagarse para hervirlos o cocerlos al vapor. A menudo se moldean para darles bellas y complicadas formas y usarse como decoración para mesas o platillos.

PAPAYA

También llamada pawpaw, la pulpa inmadura de color verde de esta fruta tropical se usa a menudo en la cocina tai. Al madurar, se torna naranja oscura y es deliciosa si se rebana y sirve como postre.

RAÍZ DE LOTO

Esta es el rizoma submarino de la flor de loto que parece encaje al rebanarla y tiene un sabor dulce y crujiente. La raíz fresca de loto debe cocerse cerca de dos horas, por lo que vale la pena usar la raíz de loto enlatada en lugar de la natural.

TALLOS DE BAMBÚ

Los tallos de bambú son tallos jóvenes, de color crema con forma cónica, de ciertas plantas comestibles de bambú. Agregan una consistencia crujiente y pura, así como un sabor suave, a muchos platillos. Algunas veces se pueden encontrar frescos en las tiendas de abarrotes Chinos, o puede encontrarlos empacados al vacío o enlatados en cualquier supermercado. Si compra estos últimos páselos a un recipiente con agua una vez que haya abierto la lata. Si cambia el agua a diario, le durarán hasta por cinco días dentro del refrigerador.

TAMARINDO

Agrega un sabor amargo esencial a muchos platillos. Se extrae de las vainas en forma de pulpa pegajosa de color café que se remoja para hacer agua de tamarindo.

TOFU

El tofu o cuajado de soya ha sido un ingrediente importante en la cocina tai y china desde hace más de 1000 años. Hecho de frijol de soya amarillo, remojado, molido y ligeramente cocido, el tofu es rico en proteínas y bajo en calorías. Debido a su suave sabor, es ideal cocido acompañado de condimentos más fuertes. Por lo general se puede encontrar en dos presentaciones: una variedad suave conocida como tofu de seda que puede usarse en sopas y postres y el tofu firme, que viene en cuadros duros de color blanco, que puede cortarse o rebanarse e incluirse en salteados y braseados. Otra presentación es el tofu ahumado que es un cuajado de frijol sazonado. Al usarlo, corte del tamaño requerido con cuidado y no mueva demasiado al cocinarlo; únicamente tendrá que calentarlo.

INGREDIENTES SECOS, ENLATADOS Y CON PRESERVATIVOS

ACEITE DE AJONJOLI

Este aceite espeso y aromático, que va del dorado oscuro al café, está hecho de semillas de ajonjolí. Muy rara vez se usa para freír, ya que tiene un bajo punto de ebullición, pero cuando se usa, se debe combinar con otro aceite. A menudo se agrega a platillos terminados en pequeñas cantidades.

ACEITE DE MANÍ

También conocido como aceite de cacahuate, tiene un suave sabor a nuez. Debido a que puede calentarse a altas temperaturas, es ideal tanto para salteados como para frituras profundas.

ANACARDOS O NUECES DE LA INDIA

Estas nueces, de crujiente textura con sabor a lácteos, a menudo se usan enteras o picadas en la cocina china; en particular como un ingrediente de platillos a base de pollo.

ANIS ESTRELLA

Es un brote con forma de estrella de ocho puntas que tiene un fuerte sabor a anís. Se agrega entero a muchos platillos chinos, pero por lo general se retira antes de servir. También es un ingrediente vital en el polvo chino de cinco especias.

ARROZ

El arroz glutinoso es una variedad de grano corto a menudo usado en postres. Algunas veces es conocido como arroz pegajoso. El arroz Jasmine Tai es un arroz de grano largo de Tailandia que tiene un sabor aromático y delicado.

AZÚCAR

Se agrega en pequeñas cantidades a muchos platillos sazonados de la cocina tai, balanceando el sabor del platillo y dándole una apariencia brillante a las salsas. El azúcar de palma tai viene en trozos grandes o tablillas, que deben despedazarse con un mazo para convertirlo en trozos más pequeños. Los cristales de café son una buena alternativa.

CASSIA

Es la corteza tomada de un árbol de cassia o laurel y es de color café oscuro y forma plana. Es similar a la canela, pero ligeramente menos suave.

CILANTRO

El cilantro molido se hace de las semillas de cilantro y tiene un sabor prácticamente dulce y fresco a especia. Se puede comprar ya molido o hacerlo usted mismo al tostar las semillas enteras en el horno y molerlas.

CREPAS WONTON

Las crepas wonton, también llamadas piel wonton, son crepas hechas a base de huevo y harina que pueden rellenarse y freírse, cocerse al vapor o agregarse a sopas. Las frescas se pueden

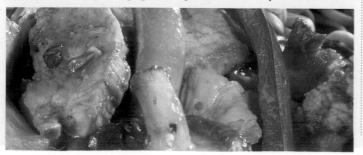

almacenar durante cinco días en el refrigerador si se enrollan en plástico adherible.

CÚRCUMA

Esta especia de suave sabor agrega un tono amarillo brillante a los alimentos. Aunque algunas veces se puede comprar fresco por lo general se usa en forma de polvo seco.

CHILES

Los chiles rojos secos se usan en toda Tailandia y en muchas regiones de China. El proceso de secado hace que se concentre el sabor, haciéndolos más picosos. Busque chiles secos con un color rojo brillante y un aroma fuerte. Si se almacenan en un recipiente hermético, se mantendrán casi indefinidamente. El aceite de chile se hace de chiles secos molidos o de chiles frescos enteros y se usa como un sazonador o como un condimento para remojar. El polvo de chile está hecho de chiles rojos secos y por lo general se mezcla con otras especias y condimentos, que varían de los suaves y aromáticos hasta los muy picantes. Siempre cerciórese que el tarro esté en buen estado antes de usarlos. La salsa de chilli beans es una pasta espesa y oscura hecha de frijoles de soya, chiles y otros condimentos y es muy picante. Tape el frasco después de usarlo y refrigere

FIDEO

Existen muchos tipos de fideo usados en la cocina tai y china. Los más populares incluyen: fideo celofán, también conocido como fideo de cristal, que es blanco y se torna transparente al cocinarse. Está hecho de frijol mongo molido, nunca se sirve solo, sino que se agrega a sopas o se fríe profundamente y usa como guarnición. El fideo de huevo se puede comprar fresco, pero el seco, que viene en grosor fino y mediano, también es muy bueno. Por lo general, el fideo plano se usa en sopas y el redondo para fritura profunda. El fideo de arroz es delgado, opaco, está hecho de harina de arroz y también se llama palo de arroz. Es muy común al sur de China, ya que es un área en donde se cultiva el arroz. El trigo es un grano básico del norte de China y se transforma en fideo sin huevo. Este fideo se vende en empaques cuadrados empacados al vacío o en puños. El fideo *Yifu* es redondo, amarillo, entretejido en una tortita redonda y a menudo se vende precocido.

GRANOS DE PIMIENTA SZECHUAN

Esta pequeña especia de color rojo tiene un distintivo sabor a madera y es más bien aromática que picosa. Es una de las especias del polvo chino de cinco especias. También conocidos como *fargara* y pimienta china, los granos de pimienta Szechuan se usan mucho en la cocina Sichuan. Sin tener ninguna relación con la pimienta, son moras secas de un arbusto y provoca un ligero adormecimiento en la lengua.

HONGOS

Una gran variedad de hongos secos se usa en la cocina tai y china. Los hongos cloud ear (hongos negros) se deben hidratar en agua tibia durante 20 minutos antes de usarse. Tienen un sabor suave y delicado y son reconocidos ampliamente por su color y sabor gelatinoso. Los hongos secos shiitake tienen un sabor muy fuerte y se usan en pequeñas cantidades. Después de hidratarlos, los tallos duros por lo general se desechan y agregan al consomé.

HUEVOS DE MIL AÑOS

Los huevos frescos de pato a menudo se guardan en salmuera, esto hace que absorban la sal por medio del cascarón, haciendo las claras más saladas y las yemas firmes y de color naranja. Los huevos de mil años se conservan en una mezcla de barro, ceniza fina y sal. Las claras de los huevos se vuelven translúcidas de color negro y las yemas se tornan color verde grisáceo después de un año aproximadamente, de ahí su nombre. Los huevos sin abrir pueden almacenarse durante muchos meses.

LECHE DE COCO

La deliciosa leche cremosa del coco se extrae de la carne blanca de la nuez. Se puede comprar en lata o hacer al agregar agua hirviendo a una bolsita de polvo de coco. Algunas veces sale una crema opaca y blanca en la superficie de la leche de coco enlatada porque se solidifica. Para evitarlo, debe agitar la lata antes de abrirla. Si la leche se almacena en un recipiente hermético dentro del refrigerador, durará hasta por tres días. Sin embargo, no se puede congelar bien. De vez en cuando, la leche de coco recién hecha puede comprarse en las tiendas de alimentos orientales. A menudo se usa en la cocina tai, especialmente en los curries aunque también se puede usar en postres.

LECHE DE COCO SÓLIDA

Hecha de aceite de coco y otras grasas, viene en bloques duros y blancos. No es un sustituto de la leche de coco y por lo general se agrega al final del cocimiento para espesar una salsa o para agregar sabor a coco a un platillo terminado.

NIDO DE PÁJARO

Es literalmente un nido de pájaro hecho de la baba de la golondrina y se pueden encontrar ocasionalmente en las tiendas de alimentos chinos. Se venden como una jalea crujiente que a menudo se agrega a las salsas, sopas y rellenos extravagantes dándoles un sabor adicional. Como es seco, puede almacenarse en un lugar seco durante varios años. Para usarlo, debe remojarse durante la noche en agua fría, para después hervirlo a fuego lento durante 20 minutos en agua limpia.

PAPEL DE ARROZ

Está hecho de una mezcla de harina de arroz, agua y sal, enrollado por una máquina hasta secarlo y hacerlo tan delgado como un papel. Se vende en piezas redondas o triangulares que pueden suavizarse al colocarlas entre dos toallas de cocina húmedas, para después usarlas para hacer rollos primavera.

PASTA DE AJONJOLÍ

La pasta de ajonjolí es una pasta deliciosa, muy cremosa, de color café, hecha de las semillas de ajonjolí. Sin embargo, no es la misma que la pasta tahini del medio oriente. Si no la encuentra, use mantequilla de cacahuate suave, que tiene una consistencia similar.

PASTA DE CAMARÓN

Preparada a base de camarones salados y fermentados hechos puré, es muy popular en la cocina tai y agrega un sabor distintivo a pescado. También existe la versión china, que tiene un aroma aún más fuerte. Use ambas en pequeñas cantidades. Los camarones secos salados también se pueden encontrar para usarlos como condimento en salteados. Deben hidratarse en agua tibia, para después hacerlos puré en una licuadora o convertirlos en una pasta con ayuda de un mortero.

PASTA DE CURRY TAI

La pasta de curry roja es una pasta de especia con un fuerte sabor hecha principalmente de chiles rojos secos que han sido molidos con otras especias y hierbas. También existe la pasta de curry verde, que es más picosa y está hecha de chiles verdes frescos.

SALSA DE CIRUELA

Como lo sugiere el nombre, la salsa de ciruela está hecha de ciruelas hervidas a fuego lento con vinagre, azúcar, jengibre, chile y otras especias.

SALSA DE FRIJOL AMARILLO

Esta salsa espesa y aromática está hecha de frijoles amarillos fermentados, harina y sal dándole un sabor distintivo a las salsas.

SALSA DE OSTIÓN

Esta salsa espesa, de color café, está hecha de ostiones cocinados en salsa de soya. Tiene un sabor delicioso, su sabor a pescado desaparece al procesarla. A menudo se usa como condimento y también es uno de los ingredientes más usados en la cocina del sur de China.

SALSA DE PESCADO NAM PLA

Esta es una salsa ligera de color café dorado con sabor salado que se hace de pescado fresco salado y fermentado, por lo general de anchoas. Se usa en la cocina tai al igual que la salsa de soya es usada en la cocina china. El aroma a pescado es desagradable cuando se abre la botella, pero se suaviza al mezclarse con otros ingredientes, agregándoles un sabor único de la cocina tai.

SALSA HOISIN

Es una salsa espesa y oscura de color café, dulce, sazonada y con sabor a especia. Hecha de frijol de soya, sal, harina, azúcar, vinagre, chile, ajo y aceite de ajonjolí, se puede usar para remojar, para "red-cooking" y para barnizar carnes asadas.

SALSA DE SOYA

La salsa de soya clara y oscura se presenta frecuentemente en la cocina china y tailandesa. Está hecha de una mezcla de frijoles de soya, harina y agua que se fermentan y añejan. El líquido resultante se destila para convertirse en salsa de soya. La salsa de soya clara tiene un color más claro y es más salada que la oscura. A menudo es etiquetada como "soya superior". La salsa de soya oscura se añeja durante más tiempo y su color es prácticamente negro. Su sabor es más fuerte y es levemente más espesa que la salsa de soya clara. Por confusión, ésta es etiquetada en las tiendas de productos chinos y tailandeses bajo el nombre de "Salsa de Soya Superior". También se puede comprar una salsa de soya de hongo, que está hecha de la infusión de hongos straw secos así como una salsa de soya con sabor a camarón.

SEMILLAS DE AJONJOLÍ

Son las semillas secas de la hierba del ajonjolí. Con cáscara las semillas pueden ser blancas o negras, pero una vez peladas son de color blanco cremoso. Las semillas de ajonjolí a menudo se usan como guarnición o para cubrir alimentos ligeramente y hacerlos crujientes. Empiece tostándolas para intensificar su sabor, agitándolos sobre el calor en una sartén para freír hasta que las semillas se doren ligeramente.

VINAGRE DE ARROZ

Hay diferentes variedades: vinagre blanco que es claro y suave; vinagre rojo que es ligeramente dulce y un poco salado, y a menudo se usa como salsa para remojar; vinagre negro que es de sabor más rico. Es espeso, oscuro y se sazona con anís estrella.

VINO DE ARROZ

A menudo usado en la cocina china tanto para marinadas como en salsas, el vino de arroz está hecho de arroz glutinoso y tiene un delicioso sabor suave. No lo confunda con el sake, que es la versión japonesa y es muy diferente. El jerez seco claro es un buen sustituto para el vino de arroz.

EQUIPO

Hay poco equipo absolutamente esencial para preparar y cocinar alimentos chinos y tai. Sin embargo, algunos utensilios harán que la tarea sea más fácil obteniendo resultados más auténticos.

ARROCERA ELÉCTRICA Ya que muchos platillos se acompañan con arroz, las cocinas más modernas de China y Tailandia tienen una arrocera eléctrica. Es la forma más fácil de cocinar el arroz a la perfección sin tanto cuidado.

COLADOR DE BAMBÚ Éste es un colador ancho y plano de metal con mango de bambú. Ayuda a retirar los alimentos cocidos del aceite o agua caliente con mayor facilidad. Por supuesto, también se puede usar una cuchara ordinaria de metal con ranuras.

CUCHILLOS DE CARNICERO se usan para partir, picar, deshebrar, hacer filetes, partir en cubos y machacar. Debido a la variedad de usos, los cocineros tai y chinos no necesitan de otros tipos sino que tienen varias cuchillas de diferentes pesos (ligeros, medianos y pesados). Los mejores están hechos de acero carbono templado de manera que la cuchilla pueda mantenerse bien afilada, aunque una cuchilla de acero inoxidable de buena calidad se oxidará menos.

ESPÁTULA Una espátula de mango largo con punta de pala para los alimentos salteados, es relativamente barata aunque, si lo prefiere, puede usar una cuchara de madera con mango largo.

PALITOS CHINOS Por lo general en China se come con palillos chinos, mientras que en Tailandia casi nunca se usan, sino que se usa una cuchara y un tenedor. Los palillos de madera son baratos, pero los de plásticos son más higiénicos y pueden usarse en varias ocasiones.

VAPORERAS Se puede usar una vaporera de acero inoxidable con pequeñas perforaciones redondas, colocándola sobre un cazo; o comprar una vaporera hecha de bambú. Necesitará tener uno o más recipientes además de una tapa que ajuste al tamaño. Se recomienda lavar la vaporera de bambú antes de usarla por primera vez y calentarla al vapor mientras está vacía durante unos minutos.

WOK Quizás éste es el instrumento más útil y versátil para frituras ligeras y profundas y para cocción al vapor. El wok tradicional es profundo, con bordes curvos y una base redonda para asegurar un cocimiento rápido y parejo. Al freír, se pueden mover los alimentos sin que las piezas se caigan por los bordes y su forma redonda ayuda a que se necesite mucho menos aceite que en las sartenes convencionales. Sin embargo, debido a su forma, es únicamente adecuado para usar sobre quemadores de gas. Si su estufa es eléctrica, deberá usar un wok con base más plana que se ha diseñado específicamente para este tipo de quemadores. Hay dos tipos básicos de wok: la versión cantonesa que tiene mangos pequeños en ambos lados, los cuales pueden ser de madera o metal y el wok pekinés o pau que tiene un mango largo. Al elegir un wok, asegúrese de que sea lo suficientemente grande para cubrir sus necesidades; la mayoría miden de 30.5–35 cm/12–14 in de diámetro pero algunos son muchos más pequeños. Incluso cuando cocine para una o dos personas, es preferible usar un wok grande. Elija un wok pesado, pero recuerde que tendrá que levantarlo cuando esté lleno de comida. Los de acero carbono pueden usarse a temperaturas muy altas sin quemar los alimentos. Actualmente se puede encontrar algunos antiadherentes, lo que significa que podrá disminuir la cantidad de grasa en muchas recetas. Los woks antiadherentes también son útiles al agregar ingredientes que contienen un alto nivel de ácidos como en el caso del vinagre.

Los accesorios del wok incluyen tapas abovedadas, rejillas y marcos de metal. Las tapas abovedadas por lo general están hechas de aluminio ligero y son esenciales para cocinar al vapor y mantener los alimentos calientes. Una rejilla de metal puede colocarse fácilmente sobre la orilla del wok, la cual permite drenar o reservar los alimentos. También necesitará una base para el wok, que es un marco de metal que detiene el wok lo suficientemente lejos del calor. Por su seguridad, revise que esté bien colocado antes de poner su wok sobre él y empezar a cocinar.

Antes de usarlos, todos los woks, a excepción de los antiadherentes, deben curarse. Primero lávelo bien con agua jabonosa muy caliente. Esto retirará la capa protectora de aceite aplicada por el fabricante para evitar que se rallen al empacarlos o se dañen durante el transporte. Vierta 1 cucharada de aceite de maní o maíz en el wok y frótelo por dentro con papel absorbente de cocina. Caliente ligeramente el wok durante 5 minutos y limpie. Si la toalla de papel absorbente sale negra, debe repetir el proceso. Con el tiempo, su wok se oscurecerá; es normal y no debe tratar de limpiarlo. Siempre asegúrese de secarlo totalmente antes de guardarlo para que no se oxide.

TÉCNICAS DE COCINA

FRITURA PROFUNDA Al hacer fritura profunda en un wok, vierta suficiente aceite para llenarlo más de la mitad. Caliente suavemente hasta lograr la temperatura necesaria, de preferencia usando un termómetro de cocina. O, si lo desea, puede checar la temperatura poniendo un cubo pequeño de pan; rápidamente se deberán formar burbujas sobre toda la superficie. Con cuidado, agregue los alimentos al aceite con pinzas o una cuchara perforada y mueva de vez en cuando mientras se cocinan, para mantener las piezas separadas. Es mucho mejor cocinar en tandas que agregar todos los alimentos de golpe, pues se arriesga a que el aceite burbujee demasiado y la temperatura baje, haciendo que el exterior se remoje. Retire los alimentos una vez cocidos y escurra sobre toallas de papel para retirar el exceso de aceite, antes de servir. Siempre cerciórese de que el wok esté seguro antes de empezar a cocinar y nunca lo descuide. Una freidora para fritura profunda es un utensilio costoso pero útil si hace este tipo de alimentos con regularidad; verá que usarlo es más seguro y fácil que un wok.

COCCIÓN AL VAPOR Es un método suave y húmedo de cocimiento, especialmente para alimentos delicados como el pescado. Se basa en la circulación de calor alrededor de los alimentos, por lo que debe asegurarse de dejar un poco de espacio entre cada uno a la hora de agregarlos. Una vez acomodados, coloque la vaporera sobre agua hirviendo en un wok o cazo. Para evitar que se pegue la comida a la vaporera, puede forrarla al inicio con un trozo de manta de cielo. Si desea, agregue al agua unas rebanadas de jengibre fresco y una hoja de laurel. Esto no solo da un sabor suave a los alimentos, sino también un aroma delicioso a la cocina disfrazando aquellos olores menos agradables, en especial si está cocinando pescado. Cocine al vapor el tiempo recomendado y revise el nivel del agua en la sartén o wok de vez en cuando, cubriendo con más agua hirviendo si fuera necesario. Si no tiene una vaporera puede usar un wok. Coloque una rejilla dentro de éste y vierta suficiente agua hirviendo hasta topar el nivel de la rejilla. Coloque los alimentos que desee cocer al vapor sobre un plato térmico y colóquelo sobre la rejilla. Tape y cocine al vapor.

FRITURA O SALTEADO Esta técnica rápida de cocina retiene el sabor fresco, color y consistencia de los alimentos. Es esencial tener todos los ingredientes preparados antes de empezar a cocinar. Caliente el wok durante un minuto sobre calor alto, agregue el aceite y mueva para cubrir la base y la mitad de los lados. Continúe hasta que esté caliente pero no humee, así al agregar los alimentos empezarán a cocerse de inmediato. Agregue los ingredientes, uno por uno, moviendo y mezclando continuamente. Los condimentos como el ajo y el jengibre, por lo general se agregan al inicio, seguidos por los ingredientes principales que deben cocerse durante más tiempo como es el caso de la carne, y por último aquellos que necesitan poca cocción o tienen que calentarse ligeramente. Los líquidos y salsas por lo general se agregan casi al final de la cocción y se hierven durante uno o dos minutos.

MEZCLA DE ESPECIAS Y SAZONADORES Aunque éstas se pueden comprar, si usted hace sus propias mezclas de sazonadores, sus platillos terminados seguramente tendrán un sabor fresco. Condimente a su gusto.

ALBAHACA CRUJIENTE Ésta es una guarnición muy atractiva si se espolvorea sobre los platillos sazonados. Use albahaca morada (tai) si la encuentra, aunque la albahaca dulce de Italia también funciona. Tome 25 g/1 oz de hojas de albahaca fresca y 1 chile sin semillas y rebane finamente. Caliente 3 cucharadas de aceite de maní en un wok hasta que esté muy caliente, agregue la albahaca y el chile y fría durante 1 ó 2 minutos o hasta que estén crujientes. Retire con una cuchara perforada y escurra sobre toallas de papel.

ALGA MARINA CRUJIENTE A menudo se usa como guarnición de los platillos chinos y se hace exactamente de la misma forma. Pique finamente un trozo de col verde oscuro, el Savoy es ideal, y fría profundamente en aceite de maní a 180ºC/350ºF durante 1 minuto, hasta que esté crujiente. Espolvoree con un poco de sal molida y coloque sobre el plato o sirva por separado.

LECHE DE COCO FRESCA Tome un coco fresco, presione con un pincho grande en los tres hoyos que tiene arriba y escurra el líquido. Ponga el coco en una bolsa de plástico grueso y golpee con un martillo para romperlo. Retire la cáscara exterior de las piezas de carne de coco con un cuchillo filoso, después pele la cáscara delgada de color café. Ralle la pulpa, coloque en un procesador de alimentos y muela hasta que esté muy fina. Vierta 300 ml/½ pt de agua hirviendo, mezcle ligeramente y deje reposar 15 minutos. Cuele la mezcla a través de un colador cubierto con manta de cielo. Al escurrir, tome las puntas de la manta de cielo y exprima las últimas gotas de líquido. Repita el proceso con el coco y otros 300 ml/½ pt de agua hirviendo y agregue a la primera tanda de leche de coco. Almacene dentro del refrigerador hasta por 48 horas, pero no lo congele. Saldrá una crema sólida y espesa sobre la superficie, por lo que debe mezclarla bien antes de usarla.

También puede hacer leche de coco con coco seco. Agregue 350 ml/ 12 oz en un cazo con 300 ml/½ pt de agua y hierva a fuego lento de 3 a 4 minutos. Mezcle ligeramente en un procesador de alimentos y hágalo de la misma forma que la leche de coco fresco, agregando otra ración de agua hirviendo al coco seco que ha exprimido.

PASTA DE CURRY VERDE Pique toscamente 6 cebollitas de cambray, 1 tallo de hierba-limón, 2 dientes de ajo sin piel, 8 chiles verdes frescos (retire las semillas si desea una pasta más suave), 2.5 cm/1 in de raíz de jengibre fresco y 25 g/1 oz de hojas de cilantro fresco, con tallos y raíces. Retire y deseche la vena central de 2 hojas de lima kaffir y pique finamente. Coloque todos los ingredientes en un procesador de alimentos con 2 cucharadas de aceite de maní y una pizca de sal. Mezcle hasta formar una pasta y pase a un frasco. Almacene hasta por tres semanas en el refrigerador.

PASTA DE CURRY ROJO Retire las semillas de 8 chiles rojos frescos y pique toscamente. Coloque en un procesador de alimentos con 2.5 cm/ 1 in de jengibre fresco, 2 chalotes sin piel, 1 tallo de hierba-limón y 4 dientes de ajo, todo picado toscamente. Agregue 2 cucharaditas de semillas de cilantro, 1 cucharadita de semillas de comino y 1 cucharadita de paprika picante, una pizca de cúrcuma y sal, 1 cucharada de jugo de limón sin semilla y 2 cucharadas de aceite de maní. Mezcle hasta formar una pasta, pase a un tarro y almacene hasta por dos o tres semanas en el refrigerador.

TRADICIONES Y COSTUMBRES

La comida tai y china se han hecho muy populares en el país durante los últimos años. Hay muchas similitudes entre estas dos cocinas, pero su historia, clima y cultura han creado diferencias sutiles entre ellas.

COCINA CHINA

Aunque China es un país grande, los principios de su cocina son similares en todo el país. Los métodos económicos para ahorrar combustible al cocinar se han desarrollado a través de los años, como es el caso de la fritura rápida en donde los alimentos se cortan en trozos pequeños y uniformes para que se cocinen en muy poco tiempo; cocinando al vapor en donde se apilan recipientes uno sobre otro; hirviendo a fuego lento en una olla grande para usar toda la flama. En la cocina china se desechan pocas cosas y la mayoría de las delicias más grandes se han creado de restos que en el mundo occidental simplemente se hubieran ido a la basura.

La cocina china se divide principalmente en cuatro regiones culinarias:

Cantonesa o del Sur, Pekinesa o del Norte, China del Norte y Shanghai o del este. La cocina pekinesa es famosa por sus mariscos, puerco y platillos agridulces, así como ingredientes poco comunes como el nido de pájaro y la aleta de tiburón. En chino la palabra fan significa arroz y comida, esto se debe a que el arroz acompaña a casi todas las comidas en el sur. El arroz de grano largo se usa casi siempre, aunque el arroz jazmín tai se sirve en ocasiones especiales, así como el arroz pegajoso o glutinoso que también se usa en postres.

La cocina pekinesa o del norte se asocia con un estilo refinado de cocina, ya que muchos platillos clásicos han surgido de la cocina Imperial. Se usa mucho el cordero, ajo, cebollitas de cambray y poros. Los alimentos tienden a ser agridulces, pero con mucho más énfasis en lo agrio que en lo dulce. El norte de China es un área donde se cultiva más trigo que arroz y los fideos de trigo son populares.

En Shangai o China se cultivan muchas verduras y arroz y es ahí donde se hace el vinagre y vino de arroz. Muchos platillos de esta región tienen sabor dulce pues comúnmente se usa azúcar como sazonador. La cocina Szechuan o del oeste lleva mucho picante y especias, usándose chile y pimienta Sichuan prácticamente en todos los platillos.

LA COMIDA CHINA

En China, se sirven todos los platillos simultáneamente y no a diferentes tiempos. Los chinos rara vez comen solos ya que gozan compartiendo los alimentos, cenando en familia o con un grupo de amigos. Sirven arroz en platos individuales, cubriéndolo con una porción de la carne o verdura del platillo central. Una vez terminado, cada persona se sirve de otro platillo con ayuda de los palillos chinos (que nunca deberán tocar los labios).

Dan a muchos de sus platillos nombres descriptivos y románticos, como el Puerco de Cinco Flores para designar la sección ventral del cerdo, nombrada así porque consta de cinco capas: piel, grasa, lomo,

grasa y lomo. Hay ciertos números que se consideran como cabalísticos, por lo que a menudo se da a los platillos nombres con números, como los Ocho Tesoros, ¡aunque no lleva ocho ingredientes! Fénix y dragón son términos que algunas veces se usan para camarones y pollo.

En Szechuan se preparan los chiles haciendo una pasta fermentada con ejotes y aceite de ajonjolí que se usan en diferentes combinaciones para elaborar platillos con nombres evocativos; entre ellos: "Sabor Extraño" (Guai Wei), "Sabor Familiar" (Jiachanh Wei) y "Sabor a Pimienta" (Xiangla Wei). Por lo general los alimentos no se acompañan con bebidas, sino con un tazón de sopa para pasar la comida cuando sea necesario. Al final, se puede servir té. Durante más de 3000 años se ha cultivado en China una amplia variedad de tés que pueden dividirse en tres variedades principales: té verde, té oolong, y té negro. El té verde no es fermentado y es una bebida clara y aromática que no contiene leche ni azúcar. Existen diferentes variedades de té verde, entre los cuales se encuentra "la pólvora", llamado así por los ingleses debido a que el té parecía bala de acero, y el té Jazmín, a base de pétalos secos de jazmín. El té Oolong es semi-fermentado, tiene un sabor fuerte aunque no tanto como el té negro, que es totalmente fermentado y tiene un rastro de dulzura. El té negro incluye el Keemum (que tiene un sabor delicado a nuez) y el Lapsang Souchong.

Aunque a los chinos les encanta la comida dulce, los budines y tés; estos no se sirven al final de las comidas, como en el mundo occidental, sino que se toman en banquetes formales como parte de la comida.

CELEBRACIONES

Probablemente, el año nuevo chino sea la celebración más conocida y es el momento de reunión y dar gracias. Es una ceremonia religiosa en honor al Cielo y la Tierra, los dioses del hogar y los antepasados familiares. El líder de cada familia ofrece incienso, flores, comida y vino para asegurar buena fortuna en el año venidero. En la noche del año nuevo se lleva a cabo un banquete llamado weilu que significa "alrededor de la estufa", celebra tanto a las generaciones presentes como a las pasadas. Cada platillo que se sirve lleva un nombre, que simboliza honor, salud o riqueza. Por ejemplo, una sopa puede llamarse Consomé de la Prosperidad y las tiras de vermicelli "hilos plateados de longevidad".

Después de la fiesta, los padres dan a sus hijos pequeños sobres rojos que contienen dinero "de la suerte". En los días siguientes, los amigos y parientes llegan de visita y se deben preparar más alimentos. Se ofrecen botanas y dulces antes del plato principal como semillas de granada, raíz de loto dulce y almendras, todas ellas representando la fertilidad y la vida larga.

Lo básico de muchas celebraciones chinas es el principio del balance y la armonía. El inicio de cada estación es importante, así como los principios budistas y taoístas del yin y yang (mujer y hombre). Los ingredientes se mezclan y combinan de la misma forma; por ejemplo: los dulces y agrios, picantes y amargos. En los cumpleaños, por lo general se sirven fideos que representan una vida larga. Para tener suerte, siempre se deben comer enteros y no cortarse en trozos. Los Dim Sum, que significa "el gozo del corazón", son muy populares entre las botanas chinas. Estos saquitos están rellenos de verduras o carne con especias y a menudo se fríen o cocinan al vapor. Tradicionalmente se comen con té en el desayuno o comida; o se venden en la calle para tomarse entre las comidas. Tienen un papel importante durante la mayoría de las fiestas, incluyendo el año nuevo chino, cuando se comen en vez de los alimentos normales.

COCINA TAILANDESA

La comida tai ha sido influenciada por muchos países, India, Burma y en especial China. Sin embargo, los tailandeses se han refinado hasta lograr una cocina propia y única, que se caracteriza por los sabores contrastantes de las hojas fuertes de limón y hierba-limón, chiles picantes, jengibre y galangal junto con el tamarindo, que a menudo se mezclan y suavizan con leche cremosa de coco. La cocina tai es parecida a la china debido a que el arroz es un alimento básico (las palabras Tailandesas usadas al invitar amigos significan "vengan a comer arroz con nosotros"), además de muchos vegetales frescos y porciones pequeñas de carne. Los productos lácteos se usan muy poco y, debido a razones climáticas así como religiosas, las carnes rojas como la res aparecen en pocos platillos.

Al igual que en la cocina china, los alimentos tienen un balance suave de dulce, amargo y salado. El pescado siempre ha sido importante en la dieta tai ya que todo el país es dividido por ríos y cuenta con grandes litorales en donde abunda el pescado de agua dulce y los crustáceos. Los campos de arroz inundados albergan patos, ranas, anguilas y peces. Gran parte de ellos se secan, salan y convierten en salsas y pastas fermentadas, que agregan un sabor distintivo a muchos platillos. La tierra de Tailandia es extremadamente fértil y su clima es tropical, cuenta con planicies centrales más frescas donde se puede encontrar en abundancia diferentes ingredientes. Los tailandeses producen algunos de los platillos más delicados del mundo y es el único país de Asia que exporta más comida de la que importa.

Los tailandeses son apasionados por la comida. La compra de alimentos es una habilidad tan importante como su preparación. Los mercados al aire libre son un tipo de vida; todo llega fresco en la mañana y para media tarde prácticamente todo se ha vendido.

LA COMIDA TAI

Una comida tai significa compartir. Por lo general consiste de varios platillos diferentes, además de un gran tazón de arroz. Algunas veces hay alguna sopa o curry, algunos fideos y fruta fresca como rambutans, mangosteens y durians. Todos estos platillos se llevan a la mesa al mismo tiempo, para que todos tengan la oportunidad de servirse un poco de cada uno. Al igual que en China, una gran pila de arroz en platos individuales se cubrirá con una o dos porciones de los platillos centrales. Cuando se termina, se presentan otros platillos.

Los alimentos se comen con cuchara o tenedor o con los dedos, aunque los fideos se comen con palillos de madera. No se necesita cuchillo ya que todos los alimentos se han cortado antes de cocinarlos. Los postres únicamente se sirven en ocasiones especiales y, por lo general, una comida se terminará con un poco de fruta.

En las recetas de este libro y cuando coma en los restaurantes tai, puede encontrar estos términos:

GAENG Es un curry bastante picoso que incluye Curry Rojo Gaeng Ped y Gaeng Phanaeng, que es un curry seco que tiene una salsa más espesa y suave.

GAENG CHUD Significa sopa y una de las más conocidas es la Tom Yan Kung, hecha con camarones. Otra sopa popular es Tom Khaa Gai, que está hecha de pollo, galangal y leche de coco.

KHANOM Es un platillo endulzado, aunque puede ser un alimento sazonado y a menudo contiene pequeños ingredientes individuales cubiertos por hojas de plátano.

MEE OR SEN Son fideos que pueden estar hechos de arroz, trigo o frijol mongo. Kuiteow son largos fideos frescos que por lo general se fríen con verduras. Mee Krob son fideos de trigo que se fríen profundamente, se cubren con miel de azúcar y sirven como sazonador.

CELEBRACIONES

Las fechas más importantes de Tailandia se basan en elementos religiosos; antes de tomar la costumbre del domingo europeo, los días laborales se dividían por los días santos. El 6 de Abril es el día del Chakri en el que se celebra la fundación de la dinastía actual y se llevan flores al templo del Buda Esmeralda. El Cumpleaños del Rey, el Aniversario de su Coronación y el Cumpleaños de la Reina son días festivos en el país y se celebran con desfiles y fuegos artificiales. Los banquetes elaborados juegan un papel muy importante en dichas celebraciones poniendo mucho esmero en su presentación, adornando los alimentos de forma espectacular con frutas y verduras talladas. Los dos eventos más importantes en cualquier vida tai son cuando un hijo se convierte en monje durante cierta temporada (como la mayoría de los hombres tai lo hace) y las bodas, que aún son vistas como la unión de dos familias, más que de dos personas. En las bodas se sirve el dulce tai Look Choi, que alguna vez comieron los reyes de Tailandia. Está hecho de pasta de frijol de soya mezclado con azúcar y jugo de coco al que se le da forma de pequeñas frutas y verduras. La importancia de la familia se puede ver en el enfoque que se le da a los alimentos, ya sea una comida sencilla en casa o en un restaurante elegante.

SOPA CLARA DE POLLO Y HONGOS

INGREDIENTES

Rinde 4 porciones

2 cuadriles grandes de pollo, aproximadamente 450 g/1 lb en total

1 cucharada de aceite de maní

1 cucharadita de aceite de ajonjolí

1 cebolla, sin piel y finamente rebanada

2.5 cm/1 in de jengibre en trozo, sin piel y finamente picado

1.1 l/2 pts de consomé claro de pollo

1 tallo de hierba-limón, golpeado

50 g/2 oz de arroz de grano largo

75 g/3 oz de champiñones, lavados y finamente rebanados

4 cebollitas de cambray, limpias, cortadas en trozos de 5 cm/2 in, ralladas

1 cucharada de salsa de soya oscura

4 cucharadas de jerez seco

sal y pimienta negra recién molida

1 Retire la piel y la grasa de los cuadriles de pollo. Corte cada uno a la mitad para separar 2 muslos y 2 piernas, reserve. Caliente los aceites de maní y ajonjolí en una olla grande. Agregue la cebolla rebanada y cocine ligeramente durante 10 minutos, o hasta que esté suave pero no se dore.

2 Agregue el jengibre picado a la olla y cocine 30 segundos, moviendo continuamente para evitar que se pegue, incorpore el consomé. Agregue las piezas de pollo y hierba-limón, tape y hierva a fuego lento 15 minutos. Incorpore el arroz y cocine otros 15 minutos más o hasta que el pollo esté cocido.

3 Retire el pollo de la olla y deje enfriar lo suficiente para poder manejarlo. Desmenuce finamente, vuelva a colocar en la olla con los champiñones, cebollitas de cambray, salsa de soya y jerez. Hierva a fuego

lento 5 minutos o hasta que el arroz y los champiñones estén suaves. Retire el hierba-limón.

4 Sazone la sopa al gusto con sal y pimienta. Vierta en tazones calientes, asegurándose de repartir equitativamente el pollo desmenuzado y vegetales. Sirva de inmediato.

DATO CULINARIO

Tahini es una pasta espesa hecha de semillas de ajonjolí. Se puede encontrar en muchas delicatessen o supermercados, así como en tiendas de alimentos orientales. Por lo general se usa para hacer humus.

SOPA CREMOSA DE POLLO Y TOFU

INGREDIENTES — Rinde de 4 a 6 porciones

225 g/8 oz de tofu firme, drenado
3 cucharadas de aceite de maní
1 diente de ajo, sin piel y
  machacado
2.5 cm/1 in de jengibre en trozo,
  sin piel y finamente picado
2.5 cm/1 in de galangal fresco en
  trozo, sin piel y finamente
  rebanado (si lo encuentra)
1 tallo de hierba-limón, golpeado
¼ cucharadita de cúrcuma molida
600 ml/1 pt de consomé de pollo

600 ml/1 pt de leche de coco
225 g/8 oz de coliflor, cortada en
  flores pequeñas
1 zanahoria mediana, pelada y
  cortada en juliana
125 g/4 oz de ejotes, limpios y
  cortados a la mitad
75 g/3 oz de fideo de huevo
  delgado
225 g/8 oz de pollo cocido,
  deshebrado
sal y pimienta negra recién molida

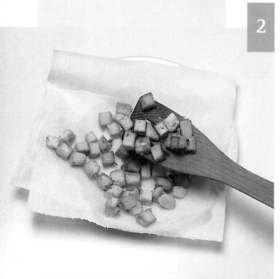

1 Corte el tofu en cubos de 1 cm/½ in, seque con una toalla de papel.

2 Caliente 1 cucharada de aceite en una sartén antiadherente. Fría el tofu en 2 tandas de 3 a 4 minutos o hasta que se dore. Retire, escurra sobre toallas de papel y reserve.

3 Caliente el aceite restante en una sartén grande. Agregue el ajo, jengibre, galangal y hierba-limón; cocine 30 segundos aproximadamente. Incorpore la cúrcuma, consomé, leche de coco y hierva. Reduzca la temperatura para obtener un hervor ligero, agregue la coliflor y las zanahorias y hierva a fuego lento 10 minutos. Agregue los ejotes y hierva a fuego lento 5 minutos más.

4 Mientras tanto, en una olla hierva agua ligeramente salada. Agregue el fideo, apague el fuego, tape y deje cocinar o siga las instrucciones del paquete.

5 Retire el hierba-limón. Escurra el fideo e incorpore el pollo y el tofu dorado. Sazone al gusto con sal y pimienta y hierva a fuego lento de 2 a 3 minutos o hasta que esté caliente. Sirva de inmediato en tazones calientes.

DATO CULINARIO

El tofu es un cuajado blanco hecho de frijol de soya. Es originario de China y se hace de modo similar que el queso.

SOPA DE FIDEO WONTON

INGREDIENTES   Rinde 4 porciones

4 hongos shiitake, limpios

125 g/4 oz de camarones crudos,
   sin piel y finamente picados

125 g/4 oz de carne de puerco
   molida

4 castañas de agua, finamente
   picadas

4 cebollitas de cambray limpias y
   finamente rebanadas

1 clara de huevo mediano

sal y pimienta negra recién molida

1½ cucharadita de fécula de maíz

1 paquete de crepas wonton
   frescas

1.1 l/2 pts de consomé de pollo

2 cm/¾ in de jengibre en trozo, sin
   piel y rebanado

75 g/3 oz de fideo de huevo
   delgado

125 g/4 oz de pak choi, rebanado

1 Coloque los hongos en un tazón, cubra con agua tibia y remoje 1 hora. Escurra, retire y deseche los tallos y pique los hongos finamente. Regrese al tazón con los camarones, carne de puerco, castañas de agua, 2 cebollitas de cambray y la clara de huevo. Sazone al gusto con sal y pimienta. Mezcle.

2 Incorpore la fécula de maíz con 1 cucharada de agua fría y haga una pasta. Coloque una crepa wonton sobre una tabla y barnice las orillas con la pasta. Ponga un poco menos de 1 cucharadita de la mezcla de carne de puerco en el centro y doble a la mitad para hacer un triangulo, presionando para juntar las orillas. Una las 2 esquinas exteriores, ayudándose con un poco más de pasta. Continúe con toda la mezcla de carne de puerco; saldrán de 16 a 20 wontons.

3 Vierta el consomé en una olla grande, agregue las rebanadas de jengibre y hierva. Agregue los wontons y hierva a fuego lento 5 minutos. Agregue los fideos, cocine 1 minuto. Incorpore el pak choi y cocine 2 minutos más, o hasta que el fideo y pak choi estén suaves y los wontons floten a la superficie y estén cocidos.

4 Vierta la sopa en tazones calientes, desechando el jengibre. Espolvoree con la cebollita de cambray restante y sirva de inmediato.

DATO CULINARIO

Las crepas wonton son láminas delgadas, casi transparentes, de masa hecha con huevos y harina que miden aproximadamente 10 cm/4 in cuadrados. Cómprelas frescas o congeladas en los supermercados grandes o tiendas de productos orientales.

SOPA TAI DE CRUSTÁCEOS

INGREDIENTES — Rinde de 4 a 6 porciones

350 g/12 oz de camarones crudos

350 g/12 oz de pescado blanco firme, como sol, bacalao o robalo

175 g/6 oz de anillos de calamar

1 cucharada de jugo de limón sin semilla

450 g/1 lb de mejillones vivos

400 ml/15 fl oz de leche de coco

1 cucharada de aceite de maní

2 cucharadas de pasta tai de curry rojo

1 tallo de hierba-limón, golpeado

3 hojas de lima Kaffir, finamente picadas

2 cucharadas de salsa tai de pescado

sal y pimienta negra recién molida

hojas de cilantro fresco para adornar

1 Pele los camarones. Usando un cuchillo filoso, retire la vena intestinal que va en su costado. Seque con toallas de papel y reserve.

2 Limpie el pescado, seque y corte en trozos de 2.5 cm/1 in. Coloque en un tazón con los anillos de calamar. Bañe con el jugo de limón y reserve.

3 Talle los mejillones, retirando sus barbas y opérculos. Deseche los que estén abiertos, dañados o que no se cierren al tocarlos. Coloque en una olla grande y agregue 150 ml/ ¼ pt de leche de coco.

4 Tape, cuando suelte el hervor reduzca la temperatura y hierva a fuego lento 5 minutos, o hasta que se abran, agitando la olla de vez en cuando. Saque los mejillones, desechando los que estén cerrados, cuele el líquido con una coladera cubierta con manta de cielo y reserve.

5 Lave y seque la olla. Caliente el aceite de maní, agregue la pasta de curry y cocine 1 minuto, moviendo continuamente. Agregue el hierba-limón, hojas de lima, salsa de pescado e incorpore el consomé colado y la leche de coco restante. Hierva a fuego lento.

6 Agregue la mezcla de pescado y hierva a fuego lento de 2 a 3 minutos o hasta que se cueza. Incorpore los mejillones, con o sin conchas, según prefiera. Sazone al gusto con sal y pimienta, adorne con hojas de cilantro. Vierta en tazones calientes y sirva de inmediato.

DATO CULINARIO

Al bañar el pescado y los mariscos con jugo de limón adquieren una mejor consistencia, ya que el ácido del jugo hace la carne mas firme.

PUERCO MOO SHI

INGREDIENTES

Rinde 4 porciones

175 g/6 oz de filete de puerco

2 cucharaditas de vino de arroz
   chino o jerez seco

2 cucharadas de salsa de soya clara

1 cucharadita de fécula de maíz

25 g/1 oz de agujas doradas
   secas, remojadas y escurridas

2 cucharadas de aceite de maní

3 huevos medianos, ligeramente
   batidos

1 cucharadita de jengibre recién

molido

3 cebollitas de cambray, limpias y
   finamente rebanadas

150 g/5 oz de tallos de bambú, en
   juliana

sal y pimienta negra recién molida

8 crepas de mandarina, cocidas al
   vapor

salsa hoisin

ramas de cilantro fresco, para
   adornar

1 Corte la carne de puerco contra la veta en rebanadas de 1 cm/ ½ in, y rebane en tiras. Coloque en un tazón con el vino de arroz chino o jerez, salsa de soya y fécula de maíz. Mezcle y reserve. Retire las puntas duras de las agujas doradas, corte a la mitad y reserve.

2 Caliente un wok o sartén de freír, agregue 1 cucharada del aceite de maní y, cuando esté caliente, agregue el huevo ligeramente batido y cocine 1 minuto, moviendo continuamente, hasta cocer. Retire y reserve. Limpie el wok con toallas de papel.

3 Vuelva a poner el wok en la estufa, agregue el aceite restante y cuando esté caliente agregue las tiras de puerco, escurriendo la marinada lo más posible. Saltee 30 segundos, agregue el jengibre, cebollitas de cambray, tallos de bambú e incorpore la marinada. Saltee de 2 a 3 minutos o hasta cocer.

4 Regrese los huevos revueltos al wok, sazone al gusto con sal y

pimienta y mezcle unos segundos, hasta integrar y calentar. Divida entre las crepas, bañando cada una con 1 cucharadita de salsa hoisin y enrolle. Adorne y sirva de inmediato.

CONSEJO

Las agujas doradas, también conocidas como lirio de tigre, son botones de flores de lili. Miden aproximadamente 5 cm/2 in de largo, tienen una consistencia ligeramente aterciopelada y son sumamente aromáticas. Compre las de color dorado brillante y almacene en un lugar fresco y oscuro. Deben hidratarse en agua caliente aproximadamente 30 minutos antes de usarse, enjuagarse y exprimirse. Omítalas, si lo desea, y aumente la cantidad de carne de puerco a 225 g/8 oz.

WONTON CRUJIENTES DE PUERCO

INGREDIENTES

Rinde 4 porciones

1 cebolla pequeña, sin piel y picada toscamente

2 dientes de ajo, sin piel y machacados

1 chile verde, sin semillas y picado

2.5 cm/1 in de jengibre fresco en trozo, sin piel y picado toscamente

450 g/1 lb de carne de puerco molida

4 cucharadas de cilantro fresco picado

1 cucharadita de polvo de cinco especias chinas

sal y pimienta negra recién molida

20 crepas wonton

1 huevo mediano, ligeramente batido

aceite vegetal para fritura profunda

salsa de chile para servir

1 Coloque la cebolla, ajo, chile y jengibre en el procesador de alimentos y opere hasta picar finamente. Agregue el puerco, cilantro y polvo de cinco especias chinas. Sazone al gusto con sal y pimienta, mezcle ligeramente una vez más. Divida la mezcla en 20 porciones iguales y deles forma con las manos enharinadas haciendo bolitas del tamaño de una nuez.

2 Barnice las orillas de una crepa wonton con huevo batido, coloque la bolita de carne de puerco en el centro y apriete para formar una bolsita. Repita con las bolitas de carne restantes y crepas.

3 Vierta suficiente aceite en una olla gruesa o freidora para fritura profunda hasta llenar tres cuartas partes y caliente a 180°C/350°F. Fría los wontons en 3 ó 4 tandas de 3 a 4 minutos, o hasta que estén cocidos, dorados y crujientes. Escurra sobre toallas de cocina. Sirva los wontons crujientes de carne de

puerco inmediatamente, considerando 5 por persona y un poco de salsa de chile para remojar.

CONSEJO

Al freír los wontons, use una olla gruesa o una freidora especial para fritura profunda con una canastilla de alambre. Nunca llene la sartén más de una tercera parte de aceite, caliente sobre calor moderado hasta que alcance la temperatura requerida. Use un termómetro de cocina o coloque un cuadrito de pan del día anterior en el aceite caliente. Se tornará dorado en 45 segundos cuando el aceite esté lo suficientemente caliente.

BROCHETAS MIXTAS SATAY

INGREDIENTES · Rinde 4 porciones

12 camarones grandes crudos
350 g/12 oz de cuadril de carne de res
1 cucharada de jugo de limón
1 diente de ajo, sin piel y machacado
sal
2 cucharaditas de azúcar morena oscura
1 cucharadita de comino molido
1 cucharadita de cilantro molido
¼ cucharadita de cúrcuma molida
1 cucharada de aceite de maní

hojas de cilantro fresco para adornar

PARA LA SALSA DE CACAHUATE CON ESPECIAS:
1 chalote, sin piel y picado muy finamente
1 cucharadita de azúcar demerara
50 g/2 oz de crema de coco sólida, picada
1 pizca de chile en polvo
1 cucharada de salsa de soya oscura
125 g/4 oz de mantequilla de cacahuate crujiente

1 Precaliente el asador a temperatura alta antes de usarlo. Remoje 8 pinchos para brocheta de bambú en agua fría por lo menos 30 minutos. Pele los camarones dejando las colas. Usando un cuchillo filoso, retire la vena intestinal de su costado. Corte la carne de res en tiras de 1 cm/½ in de ancho. Coloque los camarones y la carne en tazones separados y bañe cada uno con ½ cucharada de jugo de limón.

2 Mezcle el ajo, pizca de sal, azúcar, comino, cilantro, cúrcuma y aceite de maní para hacer una pasta. Barnice ligeramente los camarones y la carne de res. Tape y coloque en el refrigerador para marinar por lo menos 30 minutos, pero si puede dejarlos más tiempo, es mejor.

3 Mientras tanto, haga la salsa. Vierta 125 ml/4 fl oz de agua en un cazo pequeño, agregue el chalote y el azúcar y caliente ligeramente hasta que se disuelva el azúcar. Incorpore la crema de coco sólida y el polvo de chile. Cuando se derrita, retire del calor e incorpore la mantequilla de cacahuate. Deje enfriar ligeramente y sirva en un platón.

4 Inserte 3 camarones en 4 pinchos y divida los trozos de carne entre los pinchos restantes.

5 Cocine las brochetas bajo el asador precalentado de 4 a 5 minutos, volteando de vez en cuando. Los camarones deben tornarse opacos y de color rosa y la carne dorarse en el exterior, pero permanecer rosa en su centro. Acomode en platos individuales calientes, adorne con algunas hojas de cilantro fresco y sirva de inmediato con la salsa de cacahuate caliente.

FRITURAS DE MAÍZ DULCE

INGREDIENTES   Rinde 4 porciones

4 cucharadas de aceite de maní
1 cebolla pequeña sin piel y
finamente picada
1 chile rojo, sin semillas y
finamente picado
1 diente de ajo, sin piel y
machacado
1 cucharadita de cilantro molido
1 lata de 325 g de granos de
elote dulce

6 cebollitas de cambray, limpias y
rebanadas finamente
1 huevo mediano, ligeramente
batido
sal y pimienta negra recién molida
3 cucharadas de harina simple
1 cucharadita de polvo para hornear
rizos de cebollita de cambray,
para adornar
chutney estilo tai, para servir

1 Caliente 1 cucharada del aceite de maní en una sartén para freír, agregue la cebolla y cocine ligeramente de 7 a 8 minutos o hasta que empiece a suavizarse. Agregue el chile, ajo y cilantro molido y cocine 1 minuto, moviendo continuamente. Retire del calor.

2 Escurra la lata de elote y vacíe en un tazón. Presione ligeramente con un prensador de papas para romper ligeramente los granos. Agregue la mezcla de cebolla cocida al tazón con las cebollitas de cambray y huevo batido. Sazone al gusto con sal y pimienta, mezcle hasta integrar. Cierna la harina y polvo de hornear sobre la mezcla y mueva.

3 Caliente 2 cucharadas del aceite de maní en una sartén grande para freír. Coloque 4 ó 5 cucharaditas rebosantes de la mezcla de elote en la sartén, y usando una rebanadora de pescado o espátula, presiónelas hasta obtener frituras de 1 cm/½ in de grueso.

4 Fría las frituras 3 minutos, o hasta que se doren en el exterior, voltéelas y fría otros 3 minutos, o hasta que estén cocidas y crujientes.

5 Retire las frituras de la sartén y escurra sobre toallas de papel. Mantenga calientes mientras cocina las demás frituras, agregando más aceite si se necesita. Adorne con rizos de cebollita de cambray y sirva de inmediato con chutney estilo tai.

CONSEJO

Para hacer los rizos de cebollita de cambray, recorte la raíz y un poco del tallo verde para dejar tiras de 10 cm/4 in. Haga un corte de 3 cm/1¼ in abajo de la punta, después haga otro corte en ángulo recto al primer corte. Continúe haciendo cortes finos. Remoje las cebollitas de cambray en agua con hielo 20 minutos, abra y rice.

TORTITAS DE CANGREJO TAI

INGREDIENTES

Rinde 4 porciones

225 g/8 oz de carne de cangrejo blanca y oscura (equivalente a la carne de 2 cangrejos medianos)

1 cucharadita de cilantro molido

¼ cucharadita de chile en polvo

¼ cucharadita de cúrcuma molida

2 cucharaditas de jugo de limón

1 cucharadita de azúcar morena

2.5 cm/1 in de jengibre fresco, sin piel y rallado

3 cucharadas de cilantro recién picado

2 cucharaditas de hierba-limón finamente picado

2 cucharadas de harina simple

2 huevos medianos, separados

50 g/2 oz de migas de pan blanco fresco

3 cucharadas de aceite de maní

rebanadas de limón para adornar

hojas de ensalada mixta para acompañar

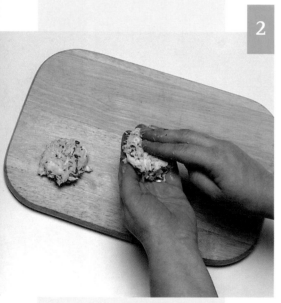

1 Coloque el cangrejo en un tazón con el cilantro molido, chile, cúrcuma, jugo de limón, azúcar, jengibre, cilantro picado, hierba-limón, harina y yemas de huevo. Mezcle bien.

2 Divida la mezcla en 12 porciones iguales y forme tortitas de aproximadamente 5 cm/2 in de diámetro. Bata ligeramente las claras de huevo y coloque en un plato. Ponga las migas de pan sobre un platón.

3 Remoje cada tortita de cangrejo en las claras, revuelque en el pan, volteando para rebozar ambos lados. Coloque en un plato, tape y refrigere hasta el momento de cocinar.

4 Caliente el aceite en una sartén grande para freír. Agregue 6 tortitas de cangrejo y cocine 3 minutos de cada lado o hasta que estén totalmente cocidas, crujientes y doradas en el exterior. Retire, escurra sobre toallas de papel y mantenga calientes mientras cocina las tortitas restantes. Acomode sobre platos individuales, adornando con rebanadas de limón y sirva inmediatamente acompañando con hojas de ensalada.

CONSEJO

Si compra cangrejos frescos, prepárelos de la siguiente manera. Gire las patas y pinzas, ábralas y retire la carne. Voltee el cangrejo y retire la cubierta dura puntiaguda de hueso. Coloque la punta de un cuchillo entre el caparazón principal y el lugar donde estaban las patas, gire la cuchilla para levantarlo y retirarlo. Raspe la carne oscura. Jale y deseche las branquias de color gris. Parta el cuerpo a la mitad y, usando un pincho, retire la carne blanca de las cavidades.

TOSTADAS DE CAMARONES CON AJONJOLÍ

INGREDIENTES
Rinde 4 porciones

125 g/4 oz de camarones cocidos
y sin piel

1 cucharada de fécula de maíz

2 cebollitas de cambray, sin piel y
picadas toscamente

2 cucharaditas de jengibre recién
molido

2 cucharaditas de salsa de soya
oscura

una pizca de polvo chino de cinco
especias (opcional)

1 huevo pequeño, batido

sal y pimienta negra recién molida

6 rebanadas delgadas de pan
blanco del día anterior

40 g/1½ oz de semillas de ajonjolí

aceite vegetal para fritura
profunda

salsa de chile para acompañar

1 Coloque los camarones en un procesador de alimentos o licuadora con la fécula, cebollitas de cambray, jengibre, salsa de soya y polvo chino de cinco especias, si lo utiliza. Mezcle hasta formar una pasta suave. Coloque en un tazón e integre el huevo batido. Sazone al gusto con sal y pimienta.

2 Corte las orillas del pan. Unte con la pasta de camarón uniformemente sobre una de sus caras. Espolvoree con las semillas de ajonjolí y presione ligeramente.

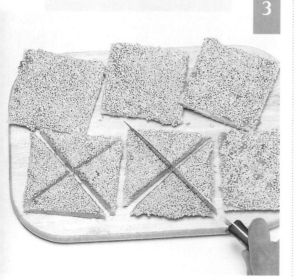

3 Corte cada rebanada diagonalmente en 4 triángulos. Coloque sobre una tabla y refrigere 30 minutos.

4 Vierta suficiente aceite en una sartén gruesa o freidora hasta llenar una tercera parte. Caliente hasta alcanzar los 180°C/350°F. Cocine por tandas de 5 ó 6 piezas, colocando cuidadosamente el lado con semillas en el aceite. Fría de 2 a 3 minutos o hasta dorar ligeramente,

voltee y cocine 1 minuto más. Usando una cuchara perforada o espumadera, retire las tostadas y escurra sobre toallas de papel. Mantenga calientes mientras fríe el resto. Acomode sobre un platón caliente y sirva de inmediato acompañando con salsa de chile para remojar.

CONSEJO

Las tostadas pueden prepararse hasta el final del paso 3 y hasta con 12 horas de anticipación. Tape y refrigere hasta que las necesite. Es importante usar pan de uno o dos días antes y no pan fresco. Asegúrese de que los camarones estén perfectamente escurridos antes de hacerlos puré. Séquelos con toallas de papel si fuera necesario.

PESCADO AGRIDULCE CAPEADO

INGREDIENTES   Rinde de 4 a 6 porciones

450 g/1 lb de filete de bacalao, sin
  piel
150 g/5 oz de harina simple
sal y pimienta negra recién
  molida
2 cucharadas de fécula de maíz
2 cucharadas de arrurruz
aceite vegetal para fritura
  profunda

PARA LA SALSA AGRIDULCE
4 cucharadas de jugo de naranja
2 cucharadas de vinagre de vino
  blanco
2 cucharadas de jerez seco
1 cucharada de salsa de soya
  oscura
1 cucharada de azúcar morena
  clara
2 cucharaditas de puré de tomate
1 pimiento rojo, sin semillas y
  cortado en dados
2 cucharaditas de fécula de maíz

1 Corte el pescado en trozos de aproximadamente 5 x 2 cm/ 2 x 1 in. Coloque 4 cucharadas de la harina en un tazón pequeño, sazone con sal y pimienta al gusto, agregue las tiras de pescado poco a poco y mezcle hasta cubrir.

2 Cierna la harina restante sobre un tazón con una pizca de sal, la fécula de maíz y el arrurruz. Integre gradualmente 300 ml/½ pt de agua con hielo para hacer una mezcla suave y ligera.

3 Caliente el aceite en un wok o freidora hasta los 190°C/375°F. Trabajando en tandas, sumerja las tiras de pescado en la mezcla y fríalas de 3 a 5 minutos, o hasta que estén crujientes. Usando una cuchara perforada o espumadera, retire las tiras y escurra sobre toallas de papel.

4 Mientras tanto, haga la salsa. Coloque 3 cucharadas del jugo

de naranja, el vinagre, jerez, salsa de soya, azúcar, puré de tomate y pimiento rojo en una olla pequeña. Hierva, disminuya la temperatura y hierva sobre fuego lento 3 minutos.

5 Mezcle la fécula de maíz con el jugo de naranja restante, incorpore a la salsa y hierva a fuego lento, moviendo durante 1 minuto o hasta espesar. Acomode el pescado sobre un platón caliente o platos individuales. Bañe con un poco de la salsa y sirva de inmediato con la salsa restante.

CONSEJO SABROSO

Cualquier pescado blanco y firme puede usarse para este platillo, siempre y cuando sea bastante grueso. Su pescadero puede recomendarle las variedades adecuadas.

CREPAS DE RES A LAS ESPECIAS

INGREDIENTES   Rinde 4 porciones

50 g/2 oz de harina simple
una pizca de sal
½ cucharadita de polvo chino de
   cinco especias
1 yema de huevo grande
150 ml/¼ pt de leche
4 cucharaditas de aceite de
   girasol
rebanadas de cebollitas de
   cambray para adornar

4 cebollitas de cambray rebanadas
1 cm/½ in de jengibre fresco, sin
   piel y rallado
1 diente de ajo, sin piel y
   machacado
300 g/11 oz de sirloin, limpio y
   cortado en tiras
1 chile rojo, sin semillas y
   finamente picado
1 cucharadita de vinagre de jerez
1 cucharadita de azúcar morena
   oscura
1 cucharada de salsa de soya
   oscura

**PARA EL RELLENO DE RES CON
ESPECIAS:**
1 cucharada de aceite de girasol

1 Cierna la harina, sal y polvo chino de cinco especias en un tazón y haga un pozo en el centro. Agregue la yema de huevo y un poco de leche. Incorpore gradualmente la harina para hacer una mezcla uniforme. Integre la leche restante.

2 Caliente 1 cucharadita del aceite de girasol en una sartén gruesa para freír. Vierta suficiente mezcla para cubrir ligeramente la base de la sartén. Cocine sobre calor medio 1 minuto, o hasta dorar.

3 Voltee la crepa y cocine 1 minuto, o hasta dorar. Haga 7 crepas más con la mezcla restante. Apílelas sobre un plato caliente mientras las va haciendo, poniendo papel encerado entre ellas. Tape con papel aluminio y mantenga calientes en un horno templado.

4 Haga el relleno. Caliente un wok o una sartén grande para freír, agregue el aceite de ajonjolí y, cuando esté caliente, agregue las cebollitas de cambray, jengibre y ajo. Fría 1 minuto. Agregue las tiras de carne de res y fría de 3 a 4 minutos, incorpore el chile, vinagre, azúcar y salsa de soya. Cocine 1 minuto y retire del calor.

5 Coloque una octava parte del relleno sobre la mitad de cada crepa. Doble las crepas a la mitad, y vuelva a doblar a la mitad. Adorne con rebanadas de cebollita de cambray y sirva de inmediato.

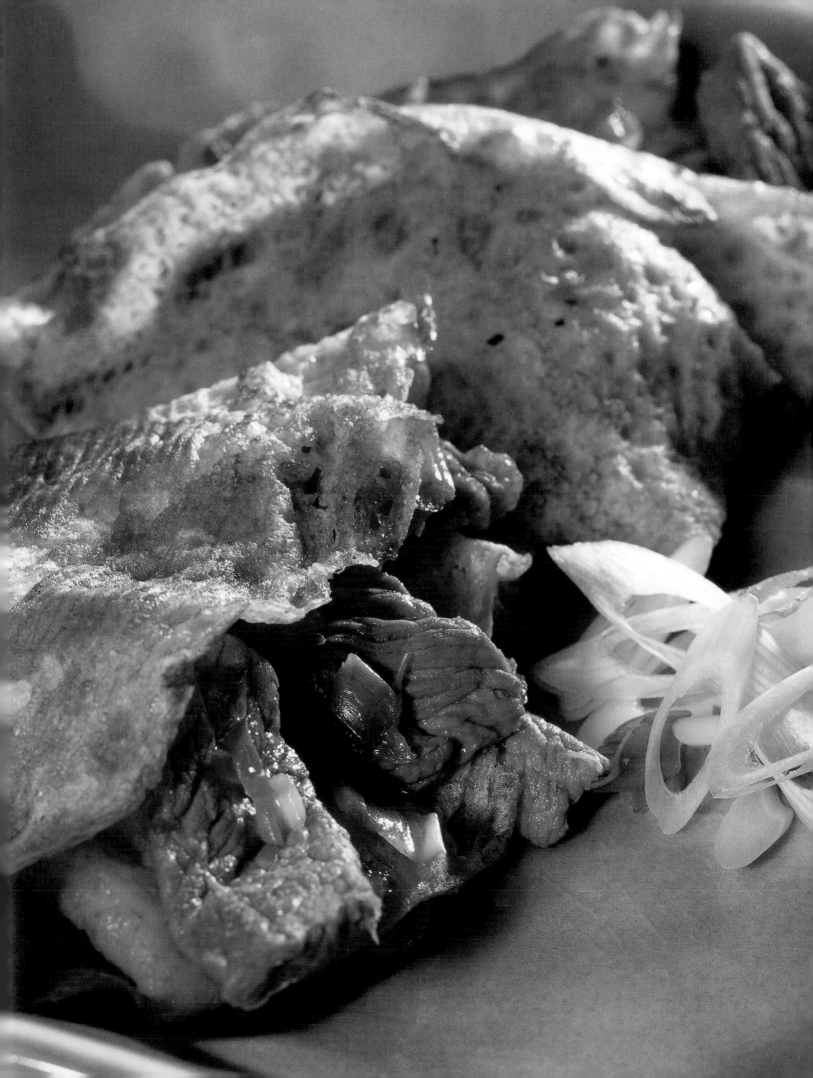

BOLITAS DE PUERCO CABEZA DE LEÓN

INGREDIENTES   Rinde 4 porciones

75 g/3 oz de arroz glutinoso

450 g/1 lb de lomo de puerco
macizo

2 dientes de ajo, sin piel y
machacados

1 cucharada de fécula de maíz

½ cucharadita de polvo chino de
cinco especias

2 cucharaditas de salsa de soya
oscura

1 cucharada de vino de arroz
chino o jerez seco

2 cucharadas de cilantro
recién picado

sal y pimienta negra recién molida

PARA LA SALSA DE CHILE DULCE:

2 cucharaditas de azúcar granulada

1 cucharada de vinagre de jerez

1 cucharada de salsa de soya
clara

1 chalote, sin piel y muy
finamente picado

1 chile rojo pequeño, sin semillas
y finamente picado

2 cucharaditas de aceite de ajonjolí

1 Coloque el arroz en un tazón y cúbralo con bastante agua fría. Tape y remoje 2 horas. Pase a un colador y escurra.

2 Coloque en un tazón la carne de puerco, ajo, fécula de maíz, polvo chino de cinco especias, salsa de soya, vino de arroz chino o jerez y cilantro. Sazone al gusto con sal y pimienta y mezcle.

3 Con manos ligeramente húmedas, haga 20 bolitas del tamaño de una nuez con la mezcla y cubra con el arroz. Coloque las bolitas ligeramente separadas en una vaporera o una coladera sobre una olla con agua hirviendo, tape y cueza al vapor 20 minutos, o hasta cocer totalmente.

4 Mientras tanto, haga la salsa para remojar. Bata el azúcar, vinagre y salsa de soya hasta que se

disuelva el azúcar. Agregue el chalote, chile y aceite de ajonjolí y bata con un tenedor. Pase a un tazón de servir pequeño, tape y deje reposar por lo menos 10 minutos antes de servir.

5 Retire las bolitas de carne de puerco de la vaporera y acomódelas sobre un platón caliente. Sirva de inmediato acompañando con la salsa de chile dulce.

DATO CULINARIO

Estas bolitas de carne deben su nombre a la cubierta de arroz que parece melena de león. El arroz glutinoso, algunas veces denominado arroz pegajoso, tiene un alto contenido de almidón. Su nombre va de acuerdo a su naturaleza, ya que sus granos se pegan al enfriarse.

CALAMARES AGRI-PICANTES

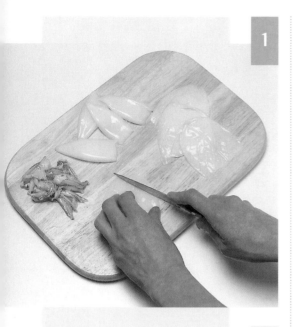

INGREDIENTES　　　　Rinde 4 porciones

8 calamares pequeños, limpios
2 cucharadas de salsa de soya
　oscura
2 cucharadas de salsa hoisin
1 cucharada de jugo de limón sin
　semilla
2 cucharadas de jerez seco
1 cucharada de miel de
　abeja clara
2.5 cm/1 in de jengibre fresco, sin

piel y finamente picado
1 chile rojo, sin semillas y
　finamente picado
1 chile verde, sin semillas y
　finamente picado
1 cucharadita de fécula de maíz
sal y pimienta negra recién molida
aceite vegetal para fritura profunda
rebanadas de limón sin semilla
　para decorar

1 Rebane cada calamar a lo largo, extienda y coloque sobre una tabla de picar con el centro hacia arriba. Usando un cuchillo filoso, corte ligeramente marcando cuadros. Corte cada calamar en 4 piezas. Retire los tentáculos.

2 Coloque la salsa de soya y la salsa hoisin con el jugo de limón, jerez, miel, jengibre, chiles y fécula de maíz en un tazón. Sazone al gusto con sal y pimienta y mezcle. Agregue los calamares, mezcle hasta cubrir, tape y refrigere para marinar durante 1 hora.

3 Coloque los calamares en una coladera sobre una olla y exprima la marinada. Retire los pedacitos de chile o jengibre de la olla, pues si se fríen se quemarán.

4 Llene una freidora hasta un tercio de su capacidad con aceite y caliente a 180°C/350°F. Fría los calamares en tandas durante 2 ó 3 minutos o hasta que estén dorados y crujientes. Retire y

escurra sobre toallas de papel. Mantenga calientes.

5 Hierva la marinada y deje que burbujee ligeramente unos segundos. Acomode los calamares sobre un platón caliente y bañe con la marinada. Adorne con rebanadas de limón y sirva de inmediato.

CONSEJO

Es muy sencillo preparar los calamares. Lávelos bien con agua fría, separe la cabeza del cuerpo; las entrañas saldrán con la cabeza. Retire y desecha el pico transparente. Enjuague la bolsa del cuerpo a la perfección bajo el chorro de agua y pele la capa delgada de carne oscura. Los tentáculos son comestibles; córtelos de la cabeza por debajo de los ojos. Si lo desea, también puede freírlos para usarlos en este platillo.

HUEVOS DE CODORNIZ AROMÁTICOS

INGREDIENTES — Serves 6

2 cucharadas de hojas de té jazmín
24 huevos de codorniz
2 cucharaditas de sal
4 cucharadas de salsa de soya oscura
1 cucharada de azúcar morena oscura
2 anís estrella enteras

1 varita de canela
2 cucharadas de vinagre de jerez
2 cucharadas de vino de arroz chino o jerez seco
2 cucharadas de azúcar granulada
¼ cucharadita de polvo chino de cinco especias
¼ cucharadita de fécula de maíz

1 Coloque las hojas de té en una taza de medir y cubra con 150 ml/¼ pt de agua hirviendo. Deje reposar 5 minutos, cuele, reservando el té y deseche las hojas.

2 Mientras tanto, coloque los huevos en un cazo y cubra con suficiente agua. Hierva a fuego lento 1 minuto. Retire los huevos con una cuchara perforada y voltee ligeramente hasta cuartear sus cascarones por todos lados.

3 Agregue la sal, 2 cucharadas de la salsa de soya, el azúcar morena, anís estrella y varita de canela al agua en donde se cocieron los huevos; incorpore el té. Hierva, vuelva a poner los huevos en la olla y hierva a fuego lento 1minuto. Retire del calor y deje reposar 2 minutos, saque los huevos y sumérjalos en agua fría. Deje enfriar la mezcla de té.

4 Vuelva a poner los huevos en la mezcla de té fría, deje reposar 30 minutos, escurra y retire los cascarones para ver el marmoleado.

5 Vierta la salsa de soya restante, el vinagre, vino de arroz chino o jerez en un cazo pequeño y agregue el azúcar granulada y polvo chino de cinco especias. Incorpore la fécula de maíz disuelta en 1 cucharada de agua fría e integre con la mezcla de salsa de soya Caliente hasta que hierva y espese un poco, moviendo continuamente. Deje enfriar.

6 Vierta la salsa en un tazón pequeño. Coloque los huevos en un platón o acomódelos en platos individuales y sirva acompañando con la salsa.

CONSEJO SABROSO

Esta receta también se puede usar para marmolear y dar sabor a los huevos comunes. Con 9 huevos podrá servir 6 porciones. Hierva a fuego lento 4 minutos en el paso 2 y 4 minutos más en el paso 3. Deje los huevos remojándose y pele de la misma manera. Para servir, corte a lo ancho en cuartos.

CAMARONES SAZONADOS EN HOJAS DE LECHUGA

INGREDIENTES

Rinde 4 porciones

1 tallo de hierba-limón

225 g/8 oz de camarones cocidos y sin piel

1 cucharadita de cáscara de limón finamente rallada

1 chile rojo, ojo de pájaro, sin semillas y finamente picado

2.5 cm/1 in de jengibre fresco, sin piel y rallado

2 lechugas pequeñas Little Gem

25 g/1 oz de cacahuates asados y picados

2 cebollitas de cambray, limpias y rebanadas diagonalmente

una rama de cilantro fresco para adornar

PARA LA SALSA DE COCO:

2 cucharadas de coco recién rallado o coco rallado sin endulzantes

1 cucharada de salsa hoisin

1 cucharada de salsa de soya clara

1 cucharada de salsa de pescado estilo tai

1 cucharada de azúcar de palma o azúcar morena clara

1 Retire las 3 ó 4 hojas exteriores más duras del hierba-limón y reserve para otro platillo. Pique finamente el centro restante, que es más suave. Coloque 2 cucharaditas del hierba-limón picado en un tazón con los camarones, ralladura de cáscara de limón, chile y jengibre. Mezcle para cubrir los camarones. Tape y refrigere para marinar mientras hace la salsa de coco.

2 Para la salsa, coloque el coco rallado en un wok o sartén gruesa para freír y fría de 2 a 3 minutos o hasta dorar. Retire y reserve. Agregue la salsa hoisin, salsa de soya y de pescado a la sartén con el azúcar y 4 cucharadas de agua. Hierva a fuego lento de 2 a 3 minutos y retire del calor. Deje enfriar.

3 Vierta la salsa sobre los camarones, agregue el coco tostado y mezcle hasta integrar. Divida los camarones y la mezcla de salsas entre las hojas de lechuga y acomode en un platón.

4 Espolvoree con los cacahuates asados y picados, agregue las cebollitas de cambray y adorne con la rama de cilantro fresco. Sirva de inmediato.

CONSEJO

En lugar de usar hojas de lechuga puede usar radicchio, chicoria o las hojas más planas del miang, que puede encontrar en las tiendas especializadas en alimentos tai.

ALAS DE POLLO ESTILO CANTONÉS

INGREDIENTES
Rinde 4 porciones

3 cucharadas de salsa hoisin

2 cucharadas de salsa de soya oscura

1 cucharada de aceite de ajonjolí

1 diente de ajo, sin piel y machacado

2.5 cm/1 in de jengibre fresco, sin piel y rallado

1 cucharada de vino de arroz chino o jerez seco

2 cucharaditas de salsa de chilli bean

2 cucharaditas de vinagre de vino tinto o blanco

2 cucharadas de azúcar morena clara

900 g/2 lb de nueces de la india picadas

2 cebollitas de cambray, limpias y finamente picadas

1 Precaliente el horno a 220°C/ 425°F 15 minutos antes de cocinar. Coloque la salsa hoisin, salsa de soya, aceite de ajonjolí, ajo, jengibre, vino de arroz chino o jerez, salsa de chili bean, vinagre y azúcar en un cazo pequeño con 6 cucharadas de agua. Hierva a fuego lento, moviendo ocasionalmente aproximadamente 30 segundos. Retire el glaseado del calor.

2 Coloque las alitas de pollo en un refractario acomodándolas en una sola capa. Bañe con el glaseado y mezcle hasta que las alitas estén cubiertas totalmente.

3 Tape el refractario ligeramente con papel aluminio, coloque en el horno precalentado y ase 25 minutos. Retire el papel aluminio, barnice las alitas y cocine 5 minutos más.

4 Reduzca la temperatura del horno a 190°C/375°F. Voltee las alitas y espolvoree con las nueces de la india y cebollitas de cambray. Hornee 5 minutos o hasta que las nueces se doren ligeramente, el glaseado esté pegajoso y las alitas estén suaves. Retire del horno y deje reposar 5 minutos antes de acomodar en un platón caliente. Sirva de inmediato acompañando con recipientes para enjuagarse los dedos y bastantes servilletas.

CONSEJO

Las alitas de pollo son consideradas un bocado exquisito tanto en China como en Tailandia y se estiman como una de las partes más sabrosas del pollo. Si le avisa a su carnicero con anticipación, probablemente se las venderá muy baratas, ya que a menudo se desechan cuando cortan los pollos en partes.

ROLLITOS PRIMAVERA DE VERDURA ESTILO TAI

INGREDIENTES   Rinde 4 porciones

50 g/2 oz de vermicelli celofán

4 hongos shiitake secos

1 cucharada de aceite de maní

2 zanahorias medianas, peladas y
   cortadas en juliana

125 g/4 oz de chícharo chino,
   cortadas a lo largo en tiras
   delgadas

3 cebollitas de cambray, limpias y
   picadas

125 g/4 oz de tallos de bambú en
   lata, cortados en juliana

1 cm/½ in de jengibre sin piel y
   rallado

1 cucharada de salsas de soya
   ligera

1 huevo mediano, separado

sal y pimienta negra recién molida

20 crepas chinas para rollos
   primavera, de aproximadamente
   12.5 cm/5 in cada una

aceite vegetal para fritura profunda

borlas de cebollitas de cambray,
   para adornar

1 Coloque los vermicelli en un tazón y cubra con suficiente agua. Remoje 5 minutos o hasta suavizar y escurra. Corte en tiras de 7.5 cm/3 in. Remoje los hongos shiitake en agua casi hirviendo durante 15 minutos, escurra, deseche los tallos y rebane finamente.

2 Caliente un wok o sartén grande para freír, agregue el aceite de maní y, cuando esté caliente, agregue las zanahorias y saltee 1 minuto. Agregue el chícharo chino y cebollitas de cambray y saltee de 2 a 3 minutos o hasta que estén suaves. Coloque las verduras en un tazón y deje enfriar.

3 Mezcle los vermicelli y los hongos shiitake con las verduras y tallos de bambú, jengibre, salsa de soya y yema de huevo. Sazone al gusto con sal y pimienta y mezcle.

4 Barnice las orillas de una envoltura para rollos primavera

con clara de huevo ligeramente batida. Coloque 2 cucharaditas del relleno de verduras sobre la envoltura, dándole la forma de una barra de 7.5 cm/3 in de largo dejando una orilla de 2.5 cm/1 in. Doble la orilla de la envoltura sobre el relleno y doble los lados. Barnice las orillas dobladas con más clara batida y enrolle. Coloque sobre una charola de hornear, poniendo la unión hacia abajo y continúe haciendo los rollos primavera restantes.

5 Caliente el aceite en un cazo grueso o freidora hasta obtener los 180°C/350°F. Fría los rollos primavera, de 6 en 6 durante 2 ó 3 minutos, o hasta que estén dorados y crujientes. Escurra sobre toallas de papel y acomode en un platón caliente. Adorne con borlas de cebollitas de cambray y sirva de inmediato.

CAMARONES CRUJIENTES CON SALSA CHINA

INGREDIENTES

Rinde 4 porciones

450 g/1 lb de camarones crudos
medianos, sin piel

¼ cucharadita de sal

6 cucharadas de aceite de maní

2 dientes de ajo, sin piel y
finamente picados

2.5 cm/1 in de jengibre fresco, sin
piel y finamente picado

1 chile verde, sin semillas y
finamente picado

4 ramas de cilantro fresco, hojas y
tallos, finamente picados

**PARA LA SALSA CHINA PARA
REMOJAR:**

3 cucharadas de salsa de soya
oscura

3 cucharadas de vinagre de vino
de arroz

1 cucharada de azúcar granulada

2 cucharadas de aceite de chile

2 cebollitas de cambray,
finamente picadas

1 Usando un cuchillo filoso, retire
la vena intestinal del torso de los
camarones. Espolvoree los camarones
con sal y deje reposar 15 minutos.
Seque con toallas de papel.

2 Caliente un wok o sartén grande
para freír, agregue el aceite de
maní y, cuando esté caliente, añada los
camarones y saltee en 2 tandas por 1
minuto aproximadamente, o hasta que
se tornen rosas y estén casi cocidos.
Usando una cuchara perforada, retire
los camarones y mantenga calientes
a horno bajo.

3 Escurra el aceite del wok, dejando
1 cucharada. Agregue el ajo,
jengibre y chile y cocine 30 segundos.
Agregue el cilantro, vuelva a poner los
camarones y saltee de 1 a 2 minutos,
o hasta que los camarones estén totalmente cocidos y el ajo esté dorado.
Vacíe en un platón caliente.

4 Para hacer la salsa, bata en un
tazón pequeño, con un tenedor,
la soya, vinagre de arroz, azúcar
granulada y aceite de chile. Integre
las cebollitas de cambray. Sirva
de inmediato con los camarones
calientes.

CONSEJO SABROSO

Aunque los camarones crudos
se deben cocinar totalmente,
también es importante no
cocinarlos demasiado pues
se harán duros y chiclosos y
perderán su sabor delicado.
Saltéelos hasta que se tornen
rosas y opacos, moviéndolos
constantemente para que se
cocinen parejo. Solo tendrán que
cocerse ligeramente en el paso 3.

DUMPLINGS DE PESCADO ESCALFADOS CON SALSA CREMOSA DE CHILE

INGREDIENTES

Rinde 4 porciones

450 g/1 lb de filete de pescado blanco, sin piel ni hueso

1 cucharadita de salsa de soya oscura

1 cucharada de fécula de maíz

1 yema de huevo mediano

sal y pimienta negra recién molida

3 cucharadas de cilantro fresco picado, más el suficiente para adornar

1.6 l/2¾ pts de consomé de pescado

PARA LA SALSA CREMOSA DE CHILE:

2 cucharaditas de aceite de maní

2 dientes de ajo, sin piel y finamente picados

4 cebollitas de cambray, limpias y finamente rebanadas

2 cucharadas de jerez seco

1 cucharada de salsa de chile dulce

1 cucharada de salsa de soya clara

1 cucharada de jugo de limón

6 cucharadas de crème fraîche

PARA ADORNAR:

ramas de cilantro fresco

zanahoria fresca en juliana

1 Pique el pescado en trozos y coloque en un procesador de alimentos con la salsa de soya, fécula de maíz y yema de huevo. Sazone al gusto con sal y pimienta. Mezcle hasta que esté suave. Agregue el cilantro y mezcle unos segundos hasta integrar. Pase a un tazón, tape y refrigere 30 minutos.

2 Con las manos húmedas, haga bolitas del tamaño de una nuez con la mezcla fría y coloque sobre una charola de hornear forrada con papel encerado. Refrigere 30 minutos más.

3 Vierta el consomé en una olla ancha, hierva y reduzca la temperatura. Agregue las bolitas de pescado y hierva a fuego lento de 3 a 4 minutos o hasta que estén totalmente cocidas.

4 Mientras tanto, haga la salsa. Caliente el aceite en un cazo pequeño, agregue el ajo y cebollitas de cambray y cocine hasta dorar. Incorpore el jerez, salsas de chile y soya así como el jugo de limón. Retire inmediatamente del calor. Incorpore la crème fraîche y sazone al gusto con sal y pimienta.

5 Usando una cuchara perforada, saque las bolitas de pescado cocidas del consomé y colóquelas sobre un platón de servir. Bañe con la salsa, adorne con ramas de cilantro fresco y sirva de inmediato.

SOL AL VAPOR CON CHILE Y JENGIBRE

INGREDIENTES

Rinde 4 porciones

700 g/1½ lb de cola de sol sin piel

1 ó 2 chiles rojos

4 cm/1½ in de jengibre fresco

1 cucharadita de aceite de ajonjolí

4 cebollitas de cambray, limpias y finamente rebanadas en diagonal

2 cucharadas de salsa de soya

2 cucharadas de vino de arroz chino o jerez seco

arroz recién cocido al vapor, como guarnición

PARA ADORNAR:

ramas de cilantro fresco

rebanadas de limón sin semilla

1 Coloque el sol sobre una tabla de picar. Usando un cuchillo filoso, corte cada lado del espinazo central y retire. Corte el pescado en trozos de 2.5 cm/1 in y reserve.

2 Haga un corte a un lado de cada chile, retire y deseche las semillas y venas; rebane finamente. Pele el jengibre y corte finamente o ralle.

3 Barnice un refractario con aceite de ajonjolí y acomode las piezas de sol sobre el refractario en una sola capa. Adorne con las cebollitas de cambray y bañe con la salsa de soya y vino de arroz chino o jerez.

4 Coloque una rejilla o un tazón pequeño invertido en un wok grande. Vierta suficiente agua para cubrir 2.5 cm/1 in de los lados del wok y hierva sobre temperatura alta.

5 Doble un trozo grande de papel aluminio a lo largo para hacer una tira de 5 a 7.5 cm/2 a 3 in de ancho y colóquelo sobre la rejilla o

tazón pequeño. Debe extenderse debajo del plato al colocarlo en el wok.

6 Coloque el plato con el sol sobre la rejilla o tazón pequeño y tape apretando con el papel. Cocine al vapor sobre calor medio-bajo 5 minutos, o hasta que el pescado esté suave y opaco. Usando el papel aluminio como si fuera una hamaca, saque el plato. Adorne con ramas de cilantro y rebanadas de limón sin semilla y sirva de inmediato con arroz al vapor.

DATO CULINARIO

Los chiles transformaron la cocina china al ser introducidos en ese país hace aproximadamente 100 años. Se usan mucho en Szechuan y en Hunan.

CURRY ROJO DE CAMARONES Y ARROZ CON ESENCIA DE JAZMÍN

INGREDIENTES   Rinde 4 porciones

½ cucharada de semillas de cilantro

1 cucharadita de semillas de comino

1 cucharadita de granos de pimienta negra

½ cucharadita de sal

1 ó 2 chiles rojos secos

2 chalotes, sin piel y picados

3 ó 4 dientes de ajo

2.5 cm/1 in de galangal o jengibre fresco, sin piel y picado

1 hoja de lima kaffir o 1 cucharadita de cáscara de lima kaffir

½ cucharadita de polvo de chile rojo

½ cucharada de pasta de camarón

1 ó 1½ tallos de hierba-limón, sin las hojas exteriores, rebanadas

750 ml/1¼ pts de leche de coco

1 chile rojo sin semilla

2 cucharadas de salsa de pescado estilo tai

2 cucharaditas de azúcar morena

1 pimiento rojo, sin semillas en rebanadas delgadas

550 g/1¼ lb de langostinos

2 hojas frescas de limón, picadas (opcional)

2 cucharadas de hojas de menta fresca, picadas

2 cucharadas de hojas de albahaca italiana o tai, picadas

arroz aromático tai recién cocido, como guarnición

1 Usando un mortero con su mano o un molino de especias, muela las semillas de cilantro y comino, granos de pimienta y sal, hasta obtener un polvo fino. Agregue los chiles secos, uno por uno, moliendo hasta pulverizar.

2 Coloque los chalotes, ajo, galangal o jengibre, hoja o cáscara de lima kaffir, polvo de chile y pasta de camarón en un procesador de alimentos. Agregue las especias molidas y mezcle hasta obtener una pasta espesa. Raspe el tazón una o dos veces. Si la mezcla está muy espesa y no se forma la pasta, agregue unas gotas de agua. Incorpore el hierba-limón.

3 Pase la pasta a un wok grande y cocine sobre temperatura media de 2 a 3 minutos o hasta que aromatice.

4 Incorpore la leche de coco, hierva, baje la temperatura y deje hervir a fuego lento aproximadamente 10 minutos. Agregue el chile, salsa de pescado, azúcar y pimiento rojo; hierva a fuego lento 15 minutos.

5 Integre los langostinos y cocine 5 minutos o hasta que estén rosas y suaves. Incorpore las hierbas picadas, caliente un minuto más y sirva de inmediato con el arroz cocido.

CAMARONES TAI Y ENSALADA DE FIDEO DE ARROZ

INGREDIENTES   Rinde 4 porciones

75 g/3 oz vermicelli de arroz

175 g/6 oz de chícharo chino, cortadas a la mitad a lo ancho

½ pepino, sin piel, sin semillas y cortado en dados

2 ó 3 cebollitas de cambray, limpias y finamente rebanadas en diagonal

16 a 20 langostinos grandes cocidos, sin piel y con colas

2 cucharadas de cacahuates sin sal o nueces de la india picadas

PARA EL ADEREZO:

4 cucharadas de jugo de limón fresco

3 cucharadas de salsa de pescado tai

1 cucharada de azúcar

2.5 cm/1 in de jengibre fresco, sin piel y finamente picado

1 chile rojo, sin semillas, en rebanadas delgadas

3 ó 4 cucharadas de cilantro o menta recién picada

PARA ADORNAR:

rebanadas de limón sin semilla
ramas de menta fresca

1 Coloque el vermicelli en un tazón y cubra con agua caliente. Deje reposar 5 minutos o hasta suavizar. Escurra, enjuague, escurra una vez más y reserve.

2 Mientras tanto, mezcle todos los ingredientes del aderezo en un tazón grande hasta integrar por completo y disolver el azúcar. Reserve.

3 Hierva agua en una olla mediana. Agregue el chícharo chino, vuelva a hervir y cocine de 30 a 50 segundos. Escurra, refresque bajo el chorro de agua, escurra una vez más y reserve.

4 Incorpore el pepino y las cebollitas de cambray. Reserve 4 langostinos

e incorpore el resto, hasta cubrir ligeramente. Agregue el chícharo chino y fideos; mezcle hasta integrar por completo.

5 Sirva la ensalada de fideo sobre platos individuales calientes. Adorne con cacahuates o nueces de la india y coloque un langostino, una rebanada de limón y una ramita de menta sobre cada plato.

DATO CULINARIO

La salsa de pescado tai, o nam pla, agrega sabor a muchos platillos. El sabor a pescado virtualmente desaparece al cocinarse.

MARISCOS AL CURRY ESTILO TAI

INGREDIENTES   Rinde de 6 a 8 porciones

2 cucharadas de aceite vegetal

450 g/1 lb de vieiras, con su parte coral pegada si lo prefiere, partidas a la mitad si son grandes

1 cebolla, pelada y finamente picada

4 dientes de ajo, sin piel y finamente picados

5 cm/2 in de jengibre fresco, sin piel y finamente picado

1 ó 2 chiles rojos, sin semillas y finamente rebanados

1 ó 2 cucharadas de pasta de curry (picante o mediana, al gusto)

1 cucharadita de cilantro molido

1 cucharadita de comino molido

1 tallo de hierba-limón, golpeado

1 lata de 225 g de jitomates picados

125 ml/4 fl oz de consomé de pollo o agua

450 ml/¾ pt de leche de coco

12 mejillones vivos, tallados y sin barba

450 g/1 lb de camarones, sin piel y cocidos

225 g/8 oz de carne de cangrejo congelado o de lata, escurrido

2 cucharadas de cilantro recién picado

coco fresco rallado, para adornar (opcional)

arroz recién cocido o fideos de arroz, como guarnición

1 Caliente un wok o sartén grande para freír, agregue 1 cucharada del aceite y, cuando esté caliente, agregue las vieiras; saltee 2 minutos o hasta que estén opacas y firmes. Pase a un plato con su jugo.

2 Caliente el aceite restante. Agregue la cebolla, ajo, jengibre y chiles. Saltee 1 minuto o hasta que se empiecen a suavizarse.

3 Agregue la pasta de curry, cilantro, comino y hierba-limón y saltee 2 minutos. Agregue los jitomates y consomé, hierva a fuego lento 5 minutos o hasta reducirlo, moviendo constantemente. Incorpore la leche de coco y hierva a fuego lento 2 minutos.

4 Incorpore los mejillones, tape y hierva a fuego lento 2 minutos o hasta que empiecen a abrirse. Integre los camarones, cangrejo y vieiras reservadas con su jugo y cocine 2 minutos o hasta que estén totalmente calientes. Deseche el hierba-limón y los mejillones que no abrieron. Agregue el cilantro picado. Vacíe en un platón grande caliente y adorne con el coco, si lo usa. Sirva de inmediato con arroz o fideo.

CONSEJO

Al preparar mejillones vivos, deseche los que no se cierran al tocarlos con fuerza.

PESCADO FRITO CON SALSA DE CHILE ESTILO TAI

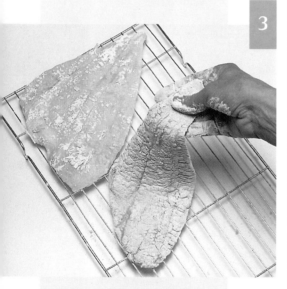

INGREDIENTES

Rinde 4 porciones

1 clara de huevo grande

½ cucharadita de polvo de curry o cúrcuma

3 ó 4 cucharadas de fécula de maíz

sal y pimienta negra recién molida

4 filetes de platija o lenguado, de aproximadamente 225 g/8oz cada uno

300 ml/½ pt de aceite vegetal

PARA LA SALSA:

2 chiles rojos, sin semillas en rebanadas delgadas

2 chalotes, sin piel y finamente picados

1 cucharada de jugo de limón sin semilla fresco

3 cucharadas de salsa de pescado tai

1 cucharada de cilantro recién picado o albahaca tai

PARA SERVIR:

arroz recién cocido

hojas de ensalada mixta

1 Para hacer la salsa para remojar, combine todos los ingredientes en un tazón. Deje reposar por lo menos 15 minutos.

2 Bata la clara de huevo hasta que espume y pase a un recipiente poco profundo.

3 En un tazón incorpore el polvo de curry o cúrcuma a la fécula de maíz y sazone al gusto con sal y pimienta. Sumerja cada filete en la clara de huevo batido, espolvoree ligeramente por ambos lados con la mezcla de fécula de maíz y coloque sobre una rejilla de alambre.

4 Caliente el wok o sartén grande para freír, agregue el aceite y caliente a 180°C/350°F. Agregue 1 ó 2 filetes y fría 5 minutos o hasta que estén dorados y crujientes, voltee una vez durante el cocimiento.

5 Usando una espátula perforada, retire cuidadosamente el pescado cocido y escurra sobre suficientes toallas de papel. Mantenga caliente mientras fríe los demás filetes.

6 Acomode los filetes sobre platos individuales calientes y sirva de inmediato con la salsa para remojar, arroz y ensalada.

CONSEJO

Para preparar chiles frescos, rebánelos a lo largo con un pequeño cuchillo filoso, y deseche las semillas, a menos que quiera un pescado muy picoso. Lave sus manos con agua y jabón ya que los aceites volátiles pueden causar irritación.

VIEIRAS Y CAMARONES ASADOS EN HIERBA-LIMÓN

INGREDIENTES   Rinde de 4 a 6 porciones

450 g/1 lb de camarones crudos grandes, sin piel y con cola

350 g/12 oz de vieiras, con su parte coral pegada

2 chiles rojos, sin semillas, picados toscamente

2 dientes de ajo, sin piel, picados toscamente

4 chalotes sin piel

1 cucharada de pasta de camarón

2 cucharadas de cilantro recién picado

400 ml/14 fl oz de leche de coco

2 ó 3 tallos de hierba-limón, sin hojas exteriores y golpeados

2 cucharadas de salsa de pescado tai

1 cucharada de azúcar

arroz basmati recién hervido, como guarnición

1 Enjuague los camarones y vieiras y seque con toallas de papel. Usando un cuchillo filoso, retire la vena intestinal del torso de los camarones. Reserve.

2 Coloque los chiles, ajo, chalotes, pasta de ajo y 1 cucharada del cilantro picado en un procesador de alimentos. Agregue 1 cucharada de la leche de coco y 2 cucharadas de agua y mezcle para formar una pasta espesa. Reserve la pasta de chile.

3 Ponga la leche de coco restante con 3 cucharadas de agua en un wok grande o sartén para freír, agregue el hierba-limón y hierva. Deje hervir a fuego lento 10 minutos o hasta reducir ligeramente.

4 Incorpore la pasta de chile, salsa de pescado y azúcar a la leche de coco y continúe hirviendo a fuego lento 2 minutos, moviendo de vez en cuando.

5 Agregue los camarones y vieiras preparados y hierva a fuego lento 3 minutos, moviendo de vez en cuando, o hasta que estén cocidos y que los camarones se tornen rosas y las vieiras estén opacas.

6 Retire el hierba-limón e integre el cilantro picado restante. Sirva de inmediato sobre arroz basmati recién cocido al vapor.

DATO CULINARIO

La pasta de camarón está hecha de puré de camarón salado y fermentado, secado al sol. Antes de usarse, debe mezclarse con un poco de agua. Se puede sustituir por salsa de camarón, la cual no es seca.

PEZ ESPADA AROMÁTICO CON PIMIENTOS

INGREDIENTES   Rinde de 4 a 6 porciones

550 g/1¼ lb de pez espada,
  cortado en tiras de 5 cm/2 in
2 cucharadas de aceite vegetal
2 tallos de hierba-limón, sin piel,
  golpeados y cortados en trozos
  de 2.5 cm/1 in
2.5 cm/1 in de jengibre fresco, sin
  piel y rebanado delgado
4 ó 5 chalotes, sin piel y
  rebanados delgados
2 ó 3 dientes de ajo, sin piel y
  rebanados delgados
1 pimiento rojo pequeño, sin
  semillas, en rebanadas
  delgadas
1 pimiento amarillo pequeño, sin
  semillas, en rebanadas
  delgadas

2 cucharadas de salsa de soya
2 cucharadas de vino de arroz
  chino o jerez seco
1 ó 2 cucharaditas de azúcar
1 cucharadita de aceite de ajonjolí
1 cucharada de albahaca tai o
  italiana, picada
sal y pimienta negra recién
  molida
1 cucharada de semillas de
  ajonjolí tostadas

PARA LA MARINADA:
1 cucharada de salsa de soya
1 cucharada de vino de arroz
  chino o jerez seco
1 cucharada de aceite de ajonjolí
1 cucharada de fécula de maíz

1 Mezcle todos los ingredientes de la marinada en un refractario poco profundo, que no sea de metal. Agregue el pez espada y bañe con la marinada. Tape y deje marinar dentro del refrigerador por lo menos 30 minutos.

2 Usando una espátula o cuchara perforada, retire el pez espada de la marinada y escurra ligeramente sobre toallas de papel. Caliente un wok o sartén grande para freír, agregue el aceite y, cuando esté caliente, agregue el pez espada y saltee 2 minutos, o hasta que empiece a dorarse. Retire y escurra sobre toallas de papel.

3 Agregue al wok el hierba-limón, jengibre, chalotes y ajo; saltee 30 segundos. Añada los pimientos, salsa de soya, vino de arroz chino o jerez y azúcar; saltee de 3 a 4 minutos.

4 Vuelva a poner el pez espada en el wok y saltee ligeramente de 1 a 2 minutos, o hasta que se caliente totalmente; cubra con la salsa. Si fuera necesario, diluya la salsa con un poco de la marinada o agua. Incorpore el aceite de ajonjolí y el albahaca; sazone con sal y pimienta al gusto. Pase a una ensaladera, espolvoree con semillas de ajonjolí y sirva de inmediato.

CURRY DE CANGREJO AL COCO ESTILO TAI

INGREDIENTES   Rinde de 4 a 6 porciones

1 cebolla

4 dientes de ajo

5 cm/2 in de jengibre fresco

2 cucharadas de aceite vegetal

2 ó 3 cucharaditas de pasta de curry picante

400 g/14 oz de leche de coco

2 cangrejos grandes, separando su carne blanca y oscura

2 tallos de hierba-limón, sin piel y golpeados

6 cebollitas de cambray, limpias y picadas

2 cucharadas de albahaca tai o menta picada, más la suficiente para adornar

arroz recién hervido, como guarnición

1 Pele la cebolla y pique finamente. Pele los dientes de ajo, macháquelos o pique finamente. Pele el jengibre y rállelo toscamente o córtelo en hilos muy finos. Reserve.

2 Caliente un wok o sartén grande para freír, agregue el aceite y, cuando esté caliente, agregue la cebolla, ajo y jengibre; saltee 2 minutos o hasta que la cebolla empiece a suavizarse. Incorpore la pasta de curry y saltee 1 minuto.

3 Integre la leche de coco a la mezcla de verduras con la carne oscura del cangrejo. Agregue el hierba-limón, y hierva lentamente, moviendo con frecuencia.

4 Agregue las cebollitas de cambray y hierva a fuego lento 15 minutos o hasta que la salsa espese. Retire y deseche los tallos de hierba-limón.

5 Añada la carne blanca del cangrejo y la albahaca o menta picada y mezcle suavemente de 1 a 2 minutos o hasta que esté totalmente caliente.

Tenga cuidado de no romper la carne de cangrejo.

6 Sirva el arroz hervido en platos individuales cubriendo con cucharadas de curry y adorne con hojas de albahaca y menta; sirva de inmediato.

DATO CULINARIO

El hierba-limón debe golpearse para desprender su sabor y aroma particular a limón. Esto se hace colocándolo sobre una tabla de picar y golpeándolo suavemente 2 ó 3 veces con un rodillo. Si desea obtener un sabor más fuerte, puede quitar las hojas exteriores y picar finamente el corazón. Si no encuentra hierba-limón, puede usar una rebanada de limón sin semilla o un poco de cáscara de limón agrio.

CAMARONES MARINADOS ESTILO TAI

INGREDIENTES

Rinde 4 porciones

700 g/1½ lb de camarones crudos, sin piel y con colas
2 huevos grandes
sal
50 g/2 oz de fécula de maíz
aceite vegetal para fritura profunda
rebanadas de limón sin semilla para adornar

PARA LA MARINADA:
2 tallos de hierba-limón, sin hojas exteriores, golpeados
2 dientes de ajo, sin piel y finamente picados
2 chalotes, sin piel y finamente picados
1 chile rojo, sin semillas y picado
cáscara rallada y jugo de 1 limón pequeño
400 ml/14 fl oz de leche de coco

1 Mezcle todos los ingredientes de la marinada en un tazón, presionando sobre los sólidos para sacar su sabor. Sazone al gusto con sal y reserve.

2 Usando un cuchillo filoso, retire la vena intestinal del torso de los camarones y seque con toallas de papel. Coloque los camarones en la marinada y mezcle con cuidado hasta cubrirlos uniformemente. Marine por lo menos 1 hora, moviendo de vez en cuando.

3 En un tazón profundo, bata los huevos con un poco de sal. Coloque la fécula de maíz en un recipiente poco profundo. Pase los camarones de la marinada a la fécula de maíz usando una cuchara o espátula perforada. Mezcle suavemente hasta cubrir los camarones por completo y sacuda el exceso.

4 Detenga cada camarón por su cola, sumerja en el huevo batido y en la fécula de maíz una vez más, sacudiendo el exceso.

5 Vierta suficiente aceite en un wok grande hasta 5 cm/2 in de altura y coloque sobre el calor. Trabajando en tandas de 5 ó 6 camarones, fríalos 2 minutos o hasta que estén rosados y crujientes, volteando una sola vez. Con ayuda de una cuchara perforada, retire y escurra sobre toallas de papel. Mantenga calientes. Acomode sobre un platón caliente y adorne con rebanadas de limón sin semilla. Sirva de inmediato.

CONSEJO SABROSO

Use aceite vegetal o de maní con un punto de ebullición alto. Para dar más sabor, agregue 1 ó 2 cucharadas de aceite de ajo, chile o limón. Asegúrese de que el aceite esté caliente para cocinar los camarones con rapidez, o se harán duros.

ENSALADA CALIENTE DE LANGOSTA CON ADEREZO PICANTE ESTILO TAI

INGREDIENTES

Rinde 4 porciones

1 naranja

50 g/2 oz de azúcar granulada

2 corazones de lechuga romana, picados

1 aguacate pequeño, sin piel y en rebanadas delgadas

½ pepino, sin piel sin semillas y en rebanadas delgadas

1 mango maduro, sin piel, sin hueso y en rebanadas delgadas

1 cucharada de mantequilla o aceite vegetal

1 langosta grande, pelada y cortada en trozos pequeños

2 cucharadas de hojas de albahaca italiana o tai

4 camarones grandes cocidos, sin

piel y con cola, para adornar

PARA EL ADEREZO:

1 cucharada de aceite vegetal

4 ó 6 cebollitas de cambray, en rebanadas de 5 cm/2 in

2.5 cm/1 in de jengibre fresco, pelado y rallado

1 diente de ajo, pelado y machacado

cáscara rallada de 1 limón

jugo de 2 ó 3 limones pequeños

2 cucharadas de salsa de pescado

1 cucharada de azúcar morena

1 ó 2 cucharaditas de salsa de chile dulce, o al gusto

1 cucharada de aceite de ajonjolí

1 Con un cuchillo filoso, corte la cáscara de naranja en juliana, cocine en agua hirviendo 2 minutos.

2 Escurra las tiras de naranja, coloque bajo el chorro de agua fría, escurra y vuelva a colocar en el cazo con el azúcar y 1 cm/½ in de agua. Hierva a fuego lento hasta suavizar; agregue 1 cucharada de agua fría para detener el cocimiento. Retire del calor y reserve. Acomode la lechuga sobre 4 platos grandes y ponga sobre ella las rebanadas de aguacate, pepino y mango.

3 Caliente un wok o sartén grande para freír, agregue la mantequilla o aceite y cuando esté caliente, pero no sisee, agregue la langosta y saltee

de 1 a 2 minutos hasta que esté totalmente caliente. Retire y escurra sobre toallas de papel.

4 Para hacer el aderezo, caliente el aceite vegetal en un wok, agregue las cebollitas de cambray, jengibre y ajo; saltee 1 minuto. Agregue la cáscara y jugo de limón, salsa de pescado, azúcar y salsa de chile. Mezcle hasta disolver el azúcar. Retire del calor, agregue el aceite de ajonjolí con la cáscara de naranja y el licor.

5 Acomode la carne de langosta sobre la ensalada y bañe con el aderezo. Adorne con hojas de albahaca y los camarones. Sirva de inmediato.

WONTONS FRITOS DE CANGREJO

76

INGREDIENTES   Rinde de 24 a 30 porciones

2 cucharadas de aceite de ajonjolí

6 a 8 castañas de agua, lavadas, escurridas y picadas

2 cebollitas de cambray, sin piel y finamente picadas

1 cm/½ in de jengibre, sin piel y rallado

1 lata de 185 g de carne de cangrejo blanca, drenada

50 ml/2 fl oz de salsa de soya

2 cucharadas de vinagre de vino de arroz

½ cucharadita de chiles secos triturados

2 cucharaditas de azúcar

½ cucharadita de salsa de pimiento picante, o al gusto

1 cucharada de cilantro o eneldo recién picado

1 yema de huevo grande

1 paquete de crepas wonton

aceite vegetal para fritura profunda

rebanadas de limón sin semilla para adornar

salsa para remojar (vea página 52)

1 Caliente un wok o sartén grande para freír, agregue 1 cucharada del aceite de ajonjolí y, cuando esté caliente, agregue las castañas de agua, cebollitas de cambray y jengibre; saltee 1 minuto. Retire del calor y deje enfriar ligeramente.

2 En un tazón, mezcle la carne de cangrejo con la salsa de soya, vinagre de vino de arroz, chiles triturados, azúcar, salsa de pimiento picante, cilantro o eneldo picado y la yema de huevo. Incorpore la mezcla de salteado y fría hasta integrar por completo.

3 Coloque las crepas wonton sobre una superficie de trabajo y coloque 1 cucharadita de la mezcla de cangrejo sobre el centro de cada una. Barnice las orillas con un poco de agua y doble una orilla sobre la opuesta para formar un triángulo. Presione para sellar.

4 Una las 2 orillas del triángulo en el centro, barnice con un poco de agua y sobrepóngalas, presionando para sellar y darle forma de "tortellini". Coloque sobre una charola de hornear y continúe con los demás triángulos.

5 Vierta suficiente aceite en un wok grande hasta 5 cm/2 in de altura y coloque sobre calor alto. Trabajando en tandas, fría los wontons 3 minutos o hasta que estén dorados y crujientes, volteando una o dos veces.

6 Retire los wontons cuidadosamente con una cuchara, escurra sobre toallas de papel y mantenga calientes. Coloque sobre platos individuales, adorne con una rebanada de limón sin semilla y sirva de inmediato acompañando con la salsa.

CAMARONES SZECHUAN AL CHILE

INGREDIENTES

Rinde 4 porciones

450 g/1 lb de langostinos crudos
2 cucharadas de aceite de maní
1 cebolla, sin piel y cortada en dados
1 pimiento rojo, sin semillas y cortado en tiras
1 chile rojo pequeño, sin semillas y en rebanadas delgadas
2 dientes de ajo, sin piel y finamente picados
2 ó 3 cebollitas de cambray, limpias y rebanadas en diagonal
arroz o fideo recién cocido, como guarnición

ramas de cilantro fresco o flores de chile, para adornar

PARA LA SALSA DE CHILE:
1 cucharada de fécula de maíz
4 cucharadas de consomé frío de pescado o agua
2 cucharadas de salsa de soya
2 cucharadas de salsa de chile dulce o picante, al gusto
2 cucharaditas de azúcar morena clara

1 Pele los langostinos, dejando sus colas si lo desea. Usando un cuchillo filoso, retire la vena intestinal de sus torsos. Enjuague y seque con toallas de papel.

2 Caliente un wok o sartén grande para freír, agregue el aceite y, cuando esté caliente, añada la cebolla, pimiento y chile; saltee de 4 a 5 minutos, o hasta que las verduras estén suaves pero puedan morderse. Incorpore el ajo y cocine 30 segundos. Usando una cuchara perforada, pase a un plato y reserve.

3 Ponga los langostinos en el wok y saltee de 1 a 2 minutos, o hasta que se tornen rosas y opacos.

4 En un tazón o frasco, mezcle todos los ingredientes de la salsa de chile e incorpore con los langostinos. Agregue las verduras que reservó y hierva, moviendo constantemente.

Cocine de 1 a 2 minutos o hasta que la salsa espese y los langostinos y verduras estén totalmente cubiertos.

5 Incorpore las cebollitas de cambray, coloque en un platón caliente y adorne con las flores de chile o ramas de cilantro. Sirva de inmediato acompañando con arroz o fideo recién cocido.

CONSEJO

Para hacer las flores de chile, corte las puntas de chiles pequeños y retire las semillas. Corte con tijeras haciendo "pétalos" cortando a 1 cm/½ in del tallo. Remoje en agua con hielo 20 minutos.

SALMÓN SALTEADO CON CHÍCHAROS

INGREDIENTES

Rinde 4 porciones

450 g/1 lb de filete de salmón

sal

6 rebanadas de tocino

1 cucharada de aceite vegetal

50 ml/2 fl oz de consomé de pollo o pescado

2 cucharadas de salsa de soya oscura

2 cucharadas de vino de arroz chino o jerez seco

1 cucharadita de azúcar

75 g/3 oz de chícharos congelados precocidos, descongelados

1 ó 2 cucharadas de menta recién picada

1 cucharadita de fécula de maíz

ramas de menta fresca para adornar

fideo recién cocido, como guarnición

1 Limpie y retire la piel del filete de salmón así como todas las espinas. Rebane en tiras de 2.5 cm/1 in, coloque sobre un plato y espolvoree con sal. Deje reposar 20 minutos, seque con toallas de papel y reserve.

2 Corte el tocino en dados pequeños y reserve.

3 Caliente un wok o sartén grande para freír sobre temperatura alta, agregue el aceite y, cuando esté caliente, agregue el tocino y saltee 3 minutos o hasta que esté dorado y crujiente. Aparte hacia la orilla y agregue las tiras de salmón. Saltee ligeramente 2 minutos o hasta que la carne esté opaca.

4 Vierta el consomé de pollo o pescado, salsa de soya y vino de arroz chino o jerez en el wok, incorpore el azúcar, chícharos y menta recién picada.

5 Mezcle la fécula de maíz con 1 cucharada de agua para formar una pasta suave e incorpore a la salsa. Hierva, reduzca la temperatura y deje hervir a fuego lento 1 minuto o hasta que espese y se suavice ligeramente. Adorne y sirva inmediatamente acompañando con fideo.

CONSEJO

Al espolvorear el salmón con sal se produce una deshidratación, lo cual hace que su carne sea más firme. Esto evita que se desmenuce al cocerse. Antes de cocinarlo, seque las tiras con toallas de papel absorbente para retirar todo el líquido salado que sea posible. En esta receta se usa salsa de soya oscura ya que es menos salada que la clara. Para reducir el contenido de sal aún más, cocine el fideo en agua hirviendo sin sal.

FILETE DE MERO CHINO AL VAPOR CON FRIJOL NEGRO

INGREDIENTES

Rinde 4 porciones

1.1 kg/2½ lb de corvina o mero chino, limpio y entero

1 ó 2 cucharadas de vino de arroz o jerez seco

1½ cucharada de aceite de maní

2 ó 3 cucharadas de frijol negro fermentado, enjuagado y drenado

1 diente de ajo, pelado y finamente picado

1 cm/½ in de jengibre fresco, pelado y finamente picado

4 cebollitas de cambray, limpias y rebanadas finamente en diagonal

2 ó 3 cucharadas de salsa de soya

125 ml/4 fl oz de consomé de pescado o pollo

1 ó 2 cucharadas de salsa de chile chino dulce, o al gusto

2 cucharaditas de aceite de ajonjolí

ramas de cilantro fresco, para adornar

1 Usando un cuchillo filoso, haga 3 ó 4 cortes profundos en diagonal a ambos lados del pescado. Bañe con vino de arroz chino o jerez por dentro y por fuera del pescado y frote suavemente sobre la piel de ambos lados.

2 Barnice con aceite de maní un plato térmico lo suficientemente grande para caber en un wok o sartén grande para freír. Coloque el pescado dentro del plato y deje reposar 20 minutos.

3 Coloque una rejilla de alambre o tazón individual invertido en el wok y vierta suficiente agua para cubrir 2.5 cm/1 in de las orillas. Hierva sobre temperatura alta.

4 Coloque cuidadosamente el plato con el pescado sobre la rejilla o tazón individual, tape y cocine al vapor de 12 a 15 minutos,

o hasta que el pescado esté suave y la carne esté opaca al picarla con un cuchillo cerca del hueso.

5 Retire el plato con el pescado del wok y mantenga caliente. Retire la rejilla o tazón individual del wok y deseche el agua. Vuelva a poner el wok al fuego, agregue el aceite de maní restante y gire para cubrir la base y los lados. Agregue el frijol negro, ajo y jengibre; saltee 1 minuto.

6 Agregue las cebollitas de cambray, salsa de soya, consomé de pescado o pollo y hierva 1 minuto. Incorpore la salsa de chile y aceite de ajonjolí, vierta la salsa sobre el pescado cocido. Adorne con ramas de cilantro y sirva de inmediato.

PESCADO AGRIDULCE

INGREDIENTES   Rinde 4 porciones

125 g/4 oz de zanahoria, pelada y
  cortada en juliana
125 g/4 oz de pimiento rojo o verde
125 g/4 oz de chícharo chino,
  cortadas a la mitad en diagonal
125 g/4 oz de chícharos congelados
  precocidos, descongelados
2 ó 3 cebollitas de cambray, limpias
  y rebanadas diagonalmente en
  trozos de 5 cm/2 in
450 g/1 lb de filetes de platija sin
  piel, pequeños y delgados
1½ ó 2 cucharadas de fécula de
  maíz
aceite vegetal para freír
ramas de cilantro fresco, para
  adornar

PARA LA SALSA AGRIDULCE:
2 cucharaditas de fécula de maíz
300 ml/½ pt de consomé de
  pescado o pollo
4 cm/1½ in de jengibre fresco,
  pelado y finamente rebanado
2 cucharadas de salsa de soya
2 cucharadas de vinagre de vino
  de arroz o jerez seco
2 cucharadas de salsa catsup o
  concentrado de jitomate
2 cucharadas de vinagre de arroz
  chino o vinagre de sidra
1½ cucharadas de azúcar morena
  clara

1 Haga la salsa. Coloque la fécula de maíz en una olla e integre el consomé, batiendo. Incorpore los demás ingredientes de la salsa y hierva, moviendo hasta que espese. Hierva a fuego lento 2 minutos, retire del calor y reserve.

2 Ponga a hervir agua en una olla. Agregue la zanahoria, vuelva a hervir y cocine 3 minutos. Añada el pimiento y cocine 1 minuto. Agregue el chícharo chino y los chícharos; cocine 30 segundos. Escurra, enjuague bajo el chorro de agua fría y vuelva a escurrir. Incorpore a la salsa agridulce junto con las cebollitas de cambray.

3 Usando un cuchillo filoso, marque cruces sobre cada filete de pescado y cubra ambos lados con fécula de maíz.

4 Vierta suficiente aceite en un wok grande hasta llegar a los 5 cm/2 in de altura. Caliente a 190°C/375°F, o hasta que un cubo de pan se dore en 30 segundos. Fría los filetes de pescado, de 2 en 2, de 3 a 5 minutos, o hasta que estén dorados y crujientes, volteando una sola vez. Usando una pala para pescado, retire y escurra sobre toallas de papel. Mantenga calientes.

5 Hierva la salsa agridulce, moviendo constantemente. Acomode los filetes de pescado en un platón caliente y bañe con la salsa caliente. Adorne con ramas de cilantro y sirva de inmediato.

ALBÓNDIGAS DE PESCADO EN SALSA PICANTE DE FRIJOL AMARILLO

INGREDIENTES

Rinde 4 porciones

450 g/1 lb de filetes de pescado blanco sin piel, como bacalao o robalo

½ cucharadita de sal

1 cucharada de fécula de maíz

2 cebollitas de cambray, limpias y picadas

1 cucharada de cilantro recién picado

1 cucharadita de salsa de soya

1 clara de huevo mediano

pimienta negra recién molida

ramas de estragón, para adornar

arroz recién cocido, como guarnición

PARA LA SALSA DE FRIJOL AMARILLO:

75 ml/3 fl oz de consomé de pescado o pollo

1 ó 2 cucharaditas de salsa de frijol amarillo

2 cucharadas de salsa de soya

1 ó 2 cucharadas de vino de arroz chino o jerez seco

1 cucharadita de salsa de chilli bean, o al gusto

1 cucharadita de aceite de ajonjolí

1 cucharadita de azúcar (opcional)

1 Coloque los trozos de pescado, sal, fécula de maíz, cebollitas de cambray, cilantro, salsa de soya y clara de huevo en un procesador de alimentos. Sazone al gusto con pimienta. Mezcle hasta formar una pasta suave, raspando los lados del tazón de vez en cuando.

2 Humedezca sus manos y forme bolitas de 2.5 cm/1 in con la mezcla. Pase a una charola de hornear y refrigere por lo menos 30 minutos.

3 Hierva agua en una olla. Trabajando en 2 ó 3 tandas, coloque las bolitas de pescado y cueza suavemente de 3 a 4 minutos o hasta que floten en la superficie. Escurra sobre toallas de papel absorbente.

4 Coloque los ingredientes de la salsa en un wok o sartén grande para freír y hierva. Agregue las bolitas de pescado a la salsa y saltee suavemente de 2 a 3 minutos hasta que estén bien calientes. Pase a un platón caliente y adorne con ramas de estragón. Sirva de inmediato acompañando con arroz recién cocido.

DATO CULINARIO

Las salsas de frijol amarillo y café están hechas de frijol de soya fermentado y tienen un fuerte sabor salado. Si compra salsa de frijol amarillo en lata, pase a un recipiente de vidrio y almacene en el refrigerador; durará hasta por un año.

Trucha Entera al Vapor con Jengibre y Cebollitas de Cambray

INGREDIENTES   Rinde 4 porciones

2 truchas de 450 a 700 g/1–1½ lb
  enteras, limpias y sin cabeza
sal de mar gruesa
2 cucharadas de aceite de maní
½ cucharada de salsa de soya
1 cucharada de aceite de ajonjolí
2 dientes de ajo, sin piel y en
  rebanadas delgadas
2.5 cm/1 in de jengibre fresco, sin
  piel y en rebanadas delgadas
2 cebollitas de cambray, limpias y
  en rebanadas delgadas
  diagonales

PARA ADORNAR:
hojas de cebollín
rebanadas de limón

PARA ACOMPAÑAR:
arroz recién cocido
ensalada oriental, como
  guarnición

1 Limpie el pescado por dentro y por fuera con toallas de papel y frote con sal tanto en el interior como en el exterior. Deje reposar 20 minutos. Seque con toallas de papel.

2 Coloque una rejilla para cocer al vapor o un tazón individual invertido en un wok grande y vierta suficiente agua hasta los 5 cm/2 in de altura. Hierva.

3 Barnice un plato a prueba de fuego con un poco de aceite de maní y coloque en él los pescados con las colas en dirección opuesta. Coloque el plato sobre la rejilla, cubra presionando con papel aluminio y hierva a fuego medio de 10 a 12 minutos o hasta que esté suave y la carne cercana al hueso esté opaca.

4 Pase cuidadosamente el plato a una superficie térmica. Bañe con la salsa de soya y mantenga caliente.

5 Retire el agua del wok y vuelva a colocar sobre el calor. Agregue los aceites de maní y ajonjolí restantes y, cuando estén calientes, añada el ajo, jengibre y cebollitas de cambray; saltee 2 minutos o hasta dorar. Vierta sobre el pescado, adorne con cebollín y rebanadas de limón y sirva de inmediato acompañando con arroz y ensalada oriental.

DATO CULINARIO

Hay 3 tipos de trucha: trucha arco iris, trucha dorada y trucha café.

CALAMARES SALTEADOS CON ESPÁRRAGOS

INGREDIENTES

Rinde 4 porciones

450 g/1 lb de calamares, limpios y cortados en anillos de 1 cm/½ in

225 g/8 oz de espárragos frescos, cortados diagonalmente en trozos de 6.5 cm/2½ in

2 cucharadas de aceite de maní

2 dientes de ajo, sin piel y en rebanadas delgadas

2.5 cm/1 in de jengibre fresco, sin piel y en rebanadas delgadas

225 g/8 oz de pak choi, limpio

75 ml/3 fl oz de consomé de pollo

2 cucharadas de salsa de soya

2 cucharadas de salsa de ostión

1 cucharada de vino de arroz chino o jerez seco

2 cucharaditas de fécula de maíz, diluidas en 1 cucharada de agua

1 cucharada de aceite de ajonjolí

1 cucharada de semillas de ajonjolí tostadas arroz recién cocido, como guarnición

1 Hierva agua en un cazo mediano sobre calor alto. Agregue los calamares, vuelva a hervir y cocine 30 segundos. Usando una coladera ancha tipo wok o cuchara perforada, pase a un colador, escurra y reserve.

2 Agregue los trozos de espárrago al agua hirviendo y blanquee 2 minutos. Escurra y reserve.

3 Caliente un wok o sartén grande para freír, agregue el aceite de maní y, cuando esté caliente, agregue el ajo y jengibre; saltee 30 segundos. Añada el pak choi, saltee de 1 a 2 minutos, incorpore el consomé y cocine 1 minuto.

4 En un tazón o en un frasco, mezcle la salsa de soya, salsa de ostión y vino de arroz chino o jerez y vacíe en el wok.

5 Ponga los calamares y espárragos que reservó en el wok y saltee 1 minuto. Agregue la mezcla de fécula de maíz. Saltee 1 minuto o hasta que la salsa espese y todos los ingredientes estén cubiertos.

6 Incorpore el aceite de ajonjolí, mezcle una vez más y coloque en un platón caliente. Adorne con las semillas de ajonjolí tostadas y sirva de inmediato con arroz recién cocido.

CONSEJO SABROSO

El pak choi es un miembro de la familia de las coles. Para esta receta busque pak choi pequeño o pak choi de Shangai, que es ligeramente más chico y tiene un sabor más delicado.

SALMÓN MARINADO CON CINCO ESPECIAS CHINAS

INGREDIENTES   Rinde 4 porciones

700 g/1½ lb de filete de salmón
   sin piel, cortado en tiras de
   2.5 cm/1 in
2 claras de huevo mediano
1 cucharada de fécula de maíz
aceite vegetal para freír
4 cebollitas de cambray, cortadas
   en trozos de 5 cm/2 in
125 ml/4 fl oz de consomé de
   pescado
rebanadas de limón para adornar

PARA LA MARINADA:
3 cucharadas de salsa de soya
3 cucharadas de vino de arroz
   chino o jerez seco
2 cucharaditas de aceite de
   ajonjolí
1 cucharada de azúcar morena
1 cucharada de jugo de limón
1 cucharadita de polvo chino de
   cinco especias
2 ó 3 chorritos de salsa picante

1 En un refractario de vidrio poco profundo, combine los ingredientes de la marinada, hasta integrar por completo. Agregue las tiras de salmón y mezcle hasta cubrir. Marine dentro del refrigerador de 20 a 30 minutos.

2 Usando una cuchara perforada o espátula para pescado, retire los trozos de salmón, escurra sobre toallas de papel y seque. Reserve la marinada.

3 Bata las claras de huevo con la fécula de maíz para hacer una mezcla. Agregue las tiras de salmón e integre a la mezcla hasta cubrir por completo.

4 Vierta suficiente aceite en un wok grande hasta los 5 cm/2 in de altura y coloque sobre calor alto. Trabajando en 2 ó 3 tandas, agregue las tiras de salmón y cocine de 1 a 2 minutos o hasta dorar. Retire del wok con una cuchara perforada y escurra sobre toallas de papel. Reserve.

5 Deseche el aceite caliente y limpie el wok. Agregue la marinada, cebollitas de cambray y consomé al wok. Hierva a fuego lento 1 minuto. Agregue las tiras de salmón y saltee suavemente hasta cubrir con la salsa. Pase, con la ayuda de una cuchara, a un platón poco profundo; adorne con las rebanadas de limón y sirva de inmediato.

CONSEJO

Si desea obtener un sabor más fuerte e intenso, marine el salmón de 4 a 6 horas.

VIEIRAS CON SALSA DE FRIJOL NEGRO

INGREDIENTES

Rinde 4 porciones

700 g/1½ lb de vieiras, con su parte coral

2 cucharadas de aceite vegetal

2 ó 3 cucharadas de frijol negro fermentado estilo chino, enjuagado, escurrido y picado toscamente

2 dientes de ajo, sin piel y picados toscamente

4 cm/1½ in de jengibre fresco, sin piel y finamente picado

4 ó 5 cebollitas de cambray, en rebanadas diagonales delgadas

2 ó 3 cucharadas de salsa de soya

1½ cucharada de vino de arroz chino o jerez seco

1 ó 2 cucharaditas de azúcar

1 cucharada de consomé de pescado o agua

2 ó 3 chorritos de salsa de pimiento picante

1 cucharada de aceite de ajonjolí

fideo recién cocido, como guarnición

1 Seque las vieiras con toallas de papel. Separe cuidadosamente la parte coral de las vieiras. Pele y deseche la membrana y el grueso músculo opaco que une la parte coral a la vieira. Parta las vieiras grandes a la mitad a lo ancho, dejando su parte coral entera.

2 Caliente un wok o sartén grande para freír, agregue el aceite y, cuando esté caliente, agregue la carne blanca de las vieiras y saltee 2 minutos, o justo hasta que empiecen a dorarse en las orillas. Usando una cuchara perforada o espátula, pase a un plato. Reserve.

3 Agregue el frijol negro, ajo y jengibre y saltee 1 minuto. Añada las cebollitas de cambray, salsa de soya, vino de arroz chino o jerez, azúcar, consomé de pescado o agua, salsa de pimiento picante y las partes corales de las vieiras; mezcle.

4 Vuelva a poner las vieiras y su jugo en el wok; saltee suavemente 3 minutos, o hasta que las vieiras y corales se cocinen totalmente. Agregue un poco más de consomé o agua si fuera necesario. Incorpore el aceite de ajonjolí y coloque en un platón caliente. Sirva de inmediato con fideo.

DATO CULINARIO

El frijol negro fermentado también se conoce como frijol negro salado o simplemente frijol negro. Estos pequeños frijoles de soya negros tienen que enjuagarse brevemente y machacarse o picarse toscamente para que salga su delicado sabor y aroma.

FIDEO FRITO CON CARNE DE PUERCO

INGREDIENTES   Rinde 4 porciones

125 g/4 oz de fideo de huevo seco

125 g/4 oz de flores de brócoli

4 cucharadas de aceite de maní

350 g/12 oz de lomo de cerdo, rebanado

3 cucharadas de salsa de soya

1 cucharada de jugo de limón agrio

1 pizca de azúcar

1 cucharadita de salsa de chile

1 cucharada de aceite de ajonjolí

2.5 cm/1 in de jengibre fresco, sin piel y cortado en juliana

1 diente de ajo, sin piel y picado

1 chile verde, sin semillas y rebanado

125 g/4 oz de chícharo chino, en mitades

2 huevos medianos, ligeramente batidos

1 lata de 227 g de castañas de agua, drenadas y rebanadas

PARA ADORNAR:

rosas de rábanos

borlas de cebollitas de cambray

1 Coloque el fideo en un tazón y cubra con agua hirviendo. Deje reposar 20 minutos o hasta que esté suave, moviendo ocasionalmente. Escurra y reserve. Mientras tanto, blanquee el brócoli en un cazo con agua ligeramente salada, hirviendo durante 2 minutos. Escurra, refresque bajo el chorro de agua fría y reserve.

2 Caliente un wok o sartén grande, agregue el aceite de maní y caliente hasta que empiece a humear. Agregue la carne de cerdo y saltee 5 minutos, o hasta dorar. Usando una cuchara perforada, retire las rebanadas de cerdo y reserve.

3 Mezcle la salsa de soya, jugo de limón, azúcar, salsa de chile y aceite de ajonjolí; reserve.

4 Coloque el jengibre en el wok y saltee 30 segundos. Agregue el ajo y chile; saltee 30 segundos. Agregue el brócoli que reservó y fría por 3 minutos. Incorpore el chícharo chino, cerdo y fideo con los huevos batidos y castañas de agua; saltee 5 minutos, o hasta calentar por completo. Vierta sobre la salsa de chile que reservó. Mezcle y coloque en un platón caliente. Adorne y sirva de inmediato.

DATO CULINARIO

Haga rosas de rábanos cortando sus puntas. Realice pequeños cortes de la punta hacia la base. Remoje los rábanos en agua con hielo 30 minutos o hasta que se formen los pétalos.

CARNE DE PUERCO HOISIN

INGREDIENTES   Rinde 4 porciones

1.4 kg/3 lb de sección ventral del
  cerdo, limpia y sin hueso
sal de mar
2 cucharaditas de polvo chino de
  cinco especias
2 dientes de ajo, sin piel y picados
1 cucharadita de aceite de ajonjolí

4 cucharadas de salsa hoisin
1 cucharada de miel de abeja
  clara
hojas de ensalada mixta para
  adornar

1 Precaliente el horno a 200°C/
400°F durante 15 minutos antes
de cocinar. Usando un cuchillo filoso
marque la piel de puerco con cuadros,
asegurándose de no cortar la carne.
Frote la sal uniformemente sobre la
piel y deje reposar 30 minutos.

2 Mientras tanto, mezcle el polvo de
cinco especias, ajo, aceite de ajonjolí, salsa hoisin y miel hasta integrar.
Frote la mezcla uniformemente sobre
la piel del puerco. Coloque la carne
sobre un plato y marine dentro del
refrigerador hasta por 6 horas.

3 Coloque el puerco sobre una rejilla
de alambre y acomódela dentro de
una charola para asar y ponga la carne
en el horno precalentado de 1 a 1¼
horas, o hasta que esté muy crujiente y
que al picarlo con un trinche suelte un
jugo claro.

4 Retire el puerco del horno, deje
reposar 15 minutos y corte en
tiras. Acomode sobre un platón
caliente. Adorne con hojas de
ensalada y sirva de inmediato.

DATO CULINARIO

La sección ventral del cerdo,
también conocida como puerco
con cuero, es un corte delgado
de carne maciza que tiene capas
alternadas de grasa del mismo
espesor. En esta receta la carne
se debe cocer bien para que se
suavice y la grasa se dore y se
haga crujiente. El puerco es la
carne más popular de China. En
las zonas rurales prácticamente
cada familia tiene un cerdo que
se alimenta de las sobras.

CARNE DE RES AL COCO

INGREDIENTES

Rinde 4 porciones

450 g/1 lb de aguayón o sirloin de res

4 cucharadas de aceite de maní

2 manojos de cebollitas de cambray, limpias y en rebanadas gruesas

1 chile rojo, sin semillas y picado

1 diente de ajo, sin piel y picado

2 cm/1 in de jengibre fresco, sin piel y cortado en juliana

125 g/4 oz de hongos shiitake

200 ml/7 fl oz de crema de coco

150 ml/¼ pt de consomé de pollo

4 cucharadas de cilantro fresco picado

sal y pimienta negra recién molida

arroz recién cocido, como guarnición

1 Retire la grasa y nervios de la carne y corte en tiras delgadas. Caliente un wok o sartén grande para freír, agregue 2 cucharadas de aceite y caliente justo hasta que empiece a humear. Agregue la carne y cocine de 5 a 8 minutos, volteando de vez en cuando, hasta dorar por todos lados. Usando una cuchara perforada, pase la carne a un plato y mantenga caliente.

2 Ponga el aceite restante en el wok y caliente hasta que casi humee. Agregue las cebollitas de cambray, chile, ajo y jengibre; cocine 1 minuto, mezclando de vez en cuando. Añada los hongos y saltee 3 minutos. Usando una cuchara perforada, pase la mezcla de hongos a un plato y mantenga caliente.

3 Vuelva a poner la carne de res en el wok, vierta la crema de coco y el consomé. Hierva a fuego lento de 3 a 4 minutos, o hasta que los jugos se reduzcan ligeramente y la carne esté suave.

4 Vuelva a colocar la mezcla de hongos en el wok y caliente. Incorpore el cilantro picado y sazone al gusto con sal y pimienta. Sirva de inmediato con arroz recién cocido.

DATO CULINARIO

Los hongos shiitake, que crecen naturalmente sobre los árboles en descomposición, se cultivan actualmente sobre el árbol shii, de ahí viene su nombre. En esta receta se usan frescos, pero a menudo se usan secos. Para preparar hongos frescos, límpielos con toallas de papel húmedo, retire y deseche los tallos duros; si los botones son grandes, rebánelos.

ALBÓNDIGAS DE PUERCO CON VERDURAS

1

INGREDIENTES

Rinde 4 porciones

450 g/1 lb de carne molida de puerco

2 cucharadas de cilantro recién picado

2 dientes de ajo, sin piel y picados

1 cucharada de salsa de soya clara

sal y pimienta negra recién molida

2 cucharadas de aceite de maní

2 cm/1 in de jengibre fresco, pelado y cortado en juliana

1 pimiento rojo, sin semillas y cortado en trozos

1 pimiento verde, sin semillas y cortado en trozos

2 calabacitas, limpias y cortadas en juliana

125 g/4 oz de elotes miniatura, cortados en mitades a lo largo

3 cucharadas de salsa de soya clara

1 cucharadita de aceite de ajonjolí

hojas de cilantro fresco, para adornar

fideo recién cocido, como guarnición

3

1 Mezcle la carne de puerco, cilantro picado, la mitad del ajo y salsa de soya. Sazone al gusto con sal y pimienta. Divida en 20 porciones y forme bolitas. Coloque sobre una charola para hornear, tape con plástico adherente y refrigere por lo menos 30 minutos.

2 Caliente un wok o sartén grande para freír, agregue el aceite de maní y, cuando esté caliente, agregue las bolitas de carne y cocine de 8 a 10 minutos, o hasta que se doren, volteando de vez en cuando. Usando una cuchara perforada, pase las bolitas a un plato y mantenga calientes.

4

3 Agregue el jengibre y ajo restante al wok y saltee 30 segundos. Añada los chiles y saltee 5 minutos. Agregue las

calabacitas y elotes miniatura, fría 3 minutos.

4 Vuelva a poner las bolitas de puerco en el wok, agregue la salsa de soya y aceite de ajonjolí; saltee 1 minuto o hasta calentar por completo. Adorne con hojas de cilantro y sirva de inmediato sobre una cama de fideo.

CONSEJO

Las bolitas de carne se hacen más firmes al enfriarse y esto evita que se rompan al cocerse. Si le es más fácil, cocine las bolitas de puerco en 2 tandas.

CARNE DE PUERCO A LAS ESPECIAS

INGREDIENTS   Rinde 4 porciones

4 cucharadas de aceite de maní

2.5 cm/1 in de jengibre fresco, sin piel y cortado en juliana

1 diente de ajo, sin piel y picado

2 zanahorias medianas, sin piel y cortadas en juliana

1 berenjena mediana, limpia y partida en cubos

700 g/1½ lb de lomo de puerco, en rebanadas delgadas

400 ml/14 fl oz de leche de coco

2 cucharadas de pasta de curry rojo estilo tai

4 cucharadas de salsa de pescado estilo tai

2 cucharaditas de azúcar

227 g de tallos de bambú en salmuera, drenados y cortados en juliana

sal al gusto

cáscara de limón, para adornar

arroz recién cocido, como guarnición

1 Caliente un wok o sartén grande para freír, agregue 2 cucharadas del aceite y, cuando esté caliente, añada el jengibre, ajo, zanahorias y berenjena; saltee 3 minutos. Usando una cuchara perforada, pase a un plato y mantenga caliente.

2 Ponga el aceite restante en el wok. Caliente hasta que humee, agregue el puerco y saltee de 5 a 8 minutos o hasta que se dore por todos lados. Pase a un plato y mantenga caliente. Limpie el wok.

3 Coloque la mitad de la leche de coco en el wok, incorpore la pasta de curry rojo y hierva 4 minutos o hasta que la salsa se reduzca a la mitad, moviendo de vez en cuando.

4 Coloque la salsa de pescado y el azúcar en el wok y hierva una vez más. Vuelva a poner la carne de puerco y verduras en el wok con los tallos de bambú. Hierva a fuego lento 4 minutos.

5 Incorpore la leche de coco restante y sazone con sal al gusto. Hierva a fuego lento durante 2 minutos o hasta que esté caliente. Adorne con cáscara de limón y sirva de inmediato acompañando con arroz.

DATO CULINARIO

La leche de coco es el líquido dulce y espeso que resulta de poner agua hirviendo sobre coco rallado y después exprimir la mezcla. Usando una ración doble de agua que de coco se hace la "leche". Si se usan cantidades iguales se produce la "crema", que no es igual a la crema de coco que se vende comercialmente.

CARNE DE PUERCO CON TOFU Y COCO

INGREDIENTES   Rinde 4 porciones

50 g/2 oz de nueces de la india sin sal

1 cucharada de cilantro molido

1 cucharada de comino molido

2 cucharaditas de chile picante en polvo

2.5 cm/1 in de jengibre fresco, pelado y picado

1 cucharada de salsa de ostión

4 cucharadas de aceite de maní

400 ml/14 fl oz de leche de coco

175 g/6 oz de fideo de arroz

450 g/1 lb de lomo de puerco, en rebanadas delgadas

1 chile rojo, sin semillas y rebanado

1 chile verde, sin semillas y rebanado

1 manojo de cebollitas de cambray, limpias y en rebanadas delgadas

3 jitomates picados toscamente

75 g/3 oz de tofu, drenado

2 cucharadas de cilantro recién picado

2 cucharadas de menta recién picada

sal y pimienta negra recién molida

1 Coloque las nueces de la india, cilantro, comino, polvo de chile, jengibre y salsa de ostión en un procesador de alimentos y muela. Caliente un wok o sartén grande para freír, agregue 2 cucharadas del aceite y, cuando esté caliente, añada la mezcla de nueces de la india y saltee 1 minuto. Incorpore la leche de coco, hierva, reduzca el fuego y deje hervir a fuego lento 1 minuto. Coloque en un frasco pequeño y reserve. Limpie el wok.

2 Mientras tanto, coloque el fideo de arroz en un tazón, cubra con agua hirviendo, deje reposar 5 minutos y escurra.

3 Recaliente el wok, agregue el aceite restante y, cuando esté caliente, agregue el puerco, Saltee 5 minutos o hasta dorar por completo. Añada los chiles y cebollitas de cambray y saltee 2 minutos.

4 Añada al wok los jitomates y tofu con el fideo y la mezcla de coco. Saltee 2 minutos más o hasta calentar por completo, teniendo cuidado de no romper el tofu. Adorne con el cilantro picado y menta. Sazone al gusto con sal y pimienta y mezcle. Coloque en un platón caliente y sirva de inmediato.

CONSEJO

El fideo de arroz seco es blanco y opaco; viene en diferentes formas. La mayoría debe remojarse brevemente en agua hirviendo antes de usarse, pero recomendamos siempre revisar las instrucciones del paquete pues el tiempo puede variar.

CHILLI DE RES

INGREDIENTES   Rinde 4 porciones

550 g/1¼ lb de aguayón de res

2 cucharadas de aceite de maní

2 zanahorias, peladas y cortadas en juliana

125 g/4 oz de chícharo chino, partido

125 g/4 oz de germinado de frijol

1 chile verde, sin semillas y picado

2 cucharadas de semillas de ajonjolí

arroz recién cocido, como guarnición

PARA LA MARINADA:

1 diente de ajo, sin piel y picado

3 cucharadas de salsa de soya

1 cucharada de salsa de chile dulce

4 cucharadas de aceite de maní

1 Usando un cuchillo filoso, limpie el aguayón desechando la grasa y nervios. Corte en tiras delgadas y coloque en un plato poco profundo. En un tazón, mezcle todos los ingredientes de la marinada y vierta sobre la carne. Voltee la carne hasta cubrir uniformemente. Forre con plástico adherente y marine dentro del refrigerador, por lo menos 30 minutos.

2 Caliente un wok o sartén grande para freír. Agregue el aceite de maní y caliente hasta que casi humee. Agregue las zanahorias y saltee de 3 a 4 minutos, o hasta suavizar. Añada el chícharo chino y saltee 1 minuto más. Usando una cuchara perforada, pase las verduras a un plato y mantenga caliente.

3 Retire las tiras de carne de la marinada, sacudiendo para retirar el exceso. Reserve la marinada. Agregue la carne al wok y saltee 3 minutos o hasta dorar por completo.

4 Vuelva a colocar las verduras en el wok junto con el germinado,

chile y semillas de ajonjolí. Cocine 1 minuto. Integre la marinada reservada y saltee de 1 a 2 minutos o hasta calentar totalmente. Coloque en un platón caliente o reparta en platos individuales. Sirva de inmediato con arroz recién cocido.

DATO CULINARIO

El chile se ha convertido en uno de los ingredientes favoritos de la cocina china, en especial en Szechuan. La salsa de chile es una mezcla de chiles frescos machacados, ciruelas, vinagre y sal. Hay diferentes variedades: muy picosa, picosa y dulce, como la utilizada en esta receta que es la más leve. La salsa de chile puede usarse como marinada o como salsa para remojar.

CARNE DE PUERCO CON SALSA DE FRIJOL NEGRO

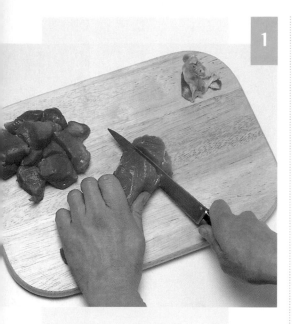

INGREDIENTES
Rinde 4 porciones

700 g/1½ lb de lomo de puerco

4 cucharadas de salsa de soya clara

2 cucharadas de aceite de maní

1 diente de ajo, sin piel y picado

2.5 cm/1 in de jengibre fresco, sin piel y cortado en juliana

1 zanahoria grande, sin piel y rebanada

1 pimiento rojo, sin semillas y rebanado

1 pimiento verde, sin semillas y rebanado

1 frasco de 160 g de salsa de frijol negro

sal

cebollín fresco picado, para adornar

arroz recién cocido al vapor, como guarnición

1 Usando un cuchillo filoso, limpie el puerco, desechando cualquier parte de grasa o nervio; corte en trozos del tamaño de un bocado. Coloque en un platón poco profundo y bañe con la salsa de soya. Voltee para cubrir uniformemente, tape con plástico adherente y deje marinar, en el refrigerador, por lo menos 30 minutos. Cuando lo vaya a usar, saque de la marinada, retire todo el líquido posible y seque con toallas de papel. Reserve la marinada.

2 Caliente un wok, agregue el aceite de maní y, cuando esté caliente, agregue el ajo picado y el jengibre; saltee 30 segundos. Agregue la zanahoria y los pimientos; saltee de 3 a 4 minutos o hasta suavizar.

3 Coloque el puerco en el wok y saltee de 5 a 7 minutos, o hasta dorar y suavizar por completo. Incorpore la marinada reservada y la salsa de frijol negro. Hierva, moviendo constantemente hasta integrar. Cocine a fuego lento por 1 minuto o hasta calentar por completo. Coloque en un platón caliente o en platos individuales. Adorne con el cebollín picado y sirva de inmediato acompañando con arroz cocido al vapor.

CONSEJO SABROSO

Antes de cocinar el puerco, retire toda la marinada y seque con toallas de papel. De esta forma al freír la carne en el aceite caliente, ésta se dora adecuadamente. Si tiene demasiado líquido, se cuece al vapor con el jugo que suelta.

ROLLOS PRIMAVERA DE CARNE DE PUERCO

INGREDIENTES   Rinde 4 porciones

125 g/4 oz de lomo de puerco

2 cucharadas de salsa de soya
   clara

225 ml/8 fl oz de aceite de maní

1 zanahoria mediana, pelada y
   cortada en juliana

75 g/3 oz de champiñones,
   limpios y rebanados

4 cebollitas de cambray, limpias y
   en rebanadas delgadas

75 g/3 oz de germinado de frijol

1 diente de ajo, pelado y picado

1 cucharada de salsa de soya
   oscura

12 hojas grandes de pasta filo,
   cortadas a la mitad

rizos de cebollitas de cambray,
   para adornar

salsa para remojar estilo chino,
   para acompañar

1 Limpie el puerco, desechando los nervios y grasa, y corte en tiras muy delgadas. Coloque en un tazón pequeño, bañe con la salsa de soya clara y mezcle hasta cubrir. Forre con plástico adherente y marine en el refrigerador, por lo menos 30 minutos.

2 Caliente un wok o sartén grande para freír, agregue 1 cucharada del aceite y, cuando esté caliente, añada la zanahoria y champiñones; saltee 3 minutos o hasta suavizar. Agregue las cebollitas de cambray, germinados y ajo; saltee 2 minutos y pase a un tazón. Reserve.

3 Escurra el puerco, coloque en el wok y saltee de 2 a 4 minutos o hasta dorar. Incorpore las verduras y deje enfriar. Integre la salsa de soya oscura y mezcle.

4 Extienda la pasta filo doblada sobre una superficie de trabajo. Divida el relleno entre las hojas, colocando la mezcla en una orilla. Barnice las orillas de la pasta con agua, doble los extremos y enrolle.

5 Caliente el aceite restante en un wok grande a 180°C/350°F y cocine los rollos primavera en tandas, de 2 a 3 minutos, o hasta dorar, volteándolos durante el cocimiento. Usando una cuchara perforada, retire y escurra sobre toallas de papel. Adorne con rizos de cebollita de cambray y sirva de inmediato con salsa para remojar estilo chino.

CONSEJO SABROSO

Para hacer la salsa para remojar, mezcle 2 cucharadas de salsa de soya oscura, 1 cucharada de vino de arroz chino o jerez seco, 2 cucharaditas de salsa de chilli bean, 2 cucharaditas de aceite de semillas de ajonjolí y 1 cucharadita de azúcar. Incorpore 1 cebollita de cambray finamente picada.

ARROZ FRITO ESPECIAL

INGREDIENTES

Rinde 4 porciones

25 g/1 oz de mantequilla

4 huevos medianos, batidos

4 cucharadas de aceite vegetal

1 manojo de cebollitas de
cambray, limpias y picadas

225 g/8 oz de jamón cocido,
cortado en dados

125 g/4 oz de camarones grandes
cocidos, sin piel y con cola

75 g/3 oz de chícharos congelados
precocidos, descongelados

1 lata de 200 g de castañas de
agua, drenadas y picadas
toscamente

450 g/1 lb de arroz de grano largo,
cocido

3 cucharadas de salsa de soya
oscura

1 cucharada de jerez seco

2 cucharadas de cilantro recién
picado

sal y pimienta negra recién molida

1 Derrita la mantequilla en un
wok o sartén grande para freír y
agregue la mitad del huevo batido.
Cocine 4 minutos, recortando la orilla
para dar forma redonda. Usando una
pala para pescado. Levante la omelet
del wok y enróllelo dando forma de
salchicha. Deje enfriar totalmente y,
una vez frío, parta en anillos usando
un cuchillo filoso.

2 Limpie el wok con toallas de
papel. Agregue el aceite y, cuando
esté caliente, agregue las cebollitas
de cambray, jamón, camarones,
chícharos y castañas de agua picadas.
Saltee 2 minutos. Agregue el arroz y
fría 3 minutos más.

3 Añada el huevo batido restante
y saltee 3 minutos, o hasta que
esté listo. Incorpore la salsa de soya,
jerez y cilantro picado. Sazone al
gusto con sal y pimienta; caliente
totalmente. Agregue los anillos de
omelet y mezcle con cuidado para no
romper el huevo. Sirva de inmediato.

CONSEJO

En la cocina china, el arroz
siempre se cuece usando el
método de absorción para retener
todo su sabor y nutrientes, por
lo cual no se usan grandes
cantidades de agua hirviendo. El
arroz de grano largo es popular
pero en ocasiones especiales, se
sirve arroz aromático estilo tai.
También se usa arroz de grano
medio y corto en platos
sazonados. El arroz de grano largo
absorbe de 1½ a 3 veces su volu-
men de agua, por lo que deberá
usar aproximadamente 175 g/6 oz
de arroz crudo para este platillo.

CARNE DE RES SALTEADA CON ELOTES MINIATURA

INGREDIENTES   Rinde 4 porciones

3 cucharadas de salsa de soya clara

1 cucharada de miel de abeja clara, caliente

450 g/1 lb de aguayón de res, limpio y en rebanadas delgadas

6 cucharadas de aceite de maní

125 g/4 oz de hongos shiitake, limpios y en mitades

125 g/4 oz de germinado de frijol, enjuagado

2.5 cm/1 in de jengibre fresco, pelado y cortado en juliana

125 g/4 oz de chícharo chino, cortadas en mitades a lo largo

125 g/4 oz de brócoli, limpio y cortado en flores

1 zanahoria mediana, pelada y cortada en juliana

125 g/4 oz de elotes miniatura, cortados en mitades a lo largo

¼ de cabeza de hojas chinas, rebanadas

1 cucharada de salsa de chile

3 cucharadas de salsa de frijol negro

1 cucharada de jerez seco

fideo recién cocido, como guarnición

1 En un tazón poco profundo, mezcle la salsa de soya y la miel. Agregue la carne rebanada y voltee para cubrir uniformemente. Forre con plástico adherente y marine por lo menos 30 minutos volteando de vez en cuando.

2 Caliente un wok o sartén grande para freír, agregue 2 cucharadas de aceite y caliente hasta humear. Agregue los hongos y saltee 1 minuto. Añada los germinados y saltee 1 minuto. Usando una cuchara perforada, pase la mezcla de hongos a un plato y mantenga caliente.

3 Escurra la carne, reservando la marinada. Recaliente el wok, incorpore 2 cucharadas de aceite y caliente hasta que humee. Agregue la carne y saltee 4 minutos o hasta dorar. Pase a un palto y mantenga caliente.

4 Ponga el aceite restante en el wok y caliente hasta humear. Agregue el jengibre, chícharo chino, brócoli, zanahoria y elotes miniatura con las hojas chinas y saltee 3 minutos. Incorpore las salsas de chile y frijol negro, jerez, la marinada que reservó y la mezcla de carne con hongos. Saltee 2 minutos y sirva de inmediato con fideo recién cocido.

CONSEJO SABROSO

Si lo prefiere, puede sustituir el aguayón por lomo o filete de puerco, así como pechugas de pollo sin piel ni hueso. Si desea una versión vegetariana, use tofu ahumado en cubos.

COSTILLAS AGRICULCES

INGREDIENTES   Rinde 4 porciones

1.6 kg/3½ lb de costillitas de
  puerco
4 cucharadas de miel de abeja
  clara
1 cucharada de salsa inglesa
1 cucharadita de polvo chino de
  cinco especias
4 cucharadas de salsa de soya

2½ cucharadas de jerez seco
1 cucharadita de salsa de chile
2 dientes de ajo, sin piel y picados
1½ cucharadas de puré de tomate
1 cucharadita de mostaza seca en
  polvo (opcional)
rizos de cebollitas de cambray,
  para adornar

1 Precaliente el horno a 200°C/ 400°F durante 15 minutos antes de cocinar. Si fuera necesario, coloque las costillitas sobre una tabla de picar y, usando un cuchillo filoso, corte para separar las uniones entre ellas. Colóquelas en un plato poco profundo en una sola capa.

2 En un cazo pequeño coloque la miel, salsa inglesa, polvo chino de cinco especias, salsa de soya, jerez y salsa de chile. Caliente mezclando hasta suavizar. Incorpore el ajo picado, puré de tomate y mostaza en polvo, si la usa.

3 Vierta la mezcla de miel sobre las costillitas y cubra uniformemente. Forre con plástico adherente y marine en el refrigerador durante toda la noche, bañando las costillitas con la marinada de vez en cuando.

4 Cuando sea hora de cocinarlas, retírelas de la marinada y colóquelas en un refractario para asar. Bañe con cucharadas de la marinada y reserve el resto. Coloque las costillitas en el horno precalentado y cocine de 35 a 40 minutos, o hasta que estén

cocidas y crujientes. Barnice ocasionalmente con la marinada reservada. Adorne con rizos de cebollitas de cambray y sirva de inmediato, ya sea como entrada o como guarnición de carne.

CONSEJO SABROSO

El marinar las costillitas durante la noche no solo le da sabor a la carne, sino que la suaviza mucho. Si no tiene el tiempo suficiente, coloque las costillitas en un cazo y vierta suficiente agua para cubrirlas. Agregue 1 cucharada de vinagre de vino, hierva, reduzca la temperatura y deje hervir a fuego lento durante 15minutos. Escurra, coloque en la marinada y ase de inmediato, bañando de vez en cuando como lo indica la receta.

CORDERO CON VERDURAS SALTEADAS

INGREDIENTES

Rinde 4 porciones

550 g/1½ lb de filete de cordero, cortado en tiras

2.5 cm/1 in de jengibre pelado y cortado en juliana

2 dientes de ajo, sin piel y picados

4 cucharadas de salsa de soya

2 cucharadas de jerez seco

2 cucharaditas de fécula de maíz

4 cucharadas de aceite de maní

75 g/3 oz de ejotes, limpios y cortados en mitades

2 zanahorias medianas, peladas y cortadas en juliana

1 pimiento rojo, sin semillas y cortado en trozos

1 pimiento amarillo, sin semillas y cortado en trozos

1 lata de 225 g de castañas de agua, drenadas y cortadas en mitades

3 jitomates picados

arroz pegajoso recién cocido en hojas de plátano, como guarnición (opcional)

1 Coloque las tiras de cordero en un platón poco profundo. En un tazón pequeño, mezcle el jengibre y la mitad del ajo. Bañe con la salsa de soya y jerez; mezcle. Vierta sobre el cordero y mueva hasta cubrir ligeramente. Forre con plástico adherente y marine por lo menos 30 minutos, bañando el cordero con la marinada de vez en cuando.

2 Usando una cuchara perforada, saque el cordero de la marinada y colóquelo en un plato. Mezcle la fécula de maíz con la marinada hasta disolver y reserve.

3 Caliente un wok o sartén grande para freír, agregue 2 cucharadas del aceite y, cuando esté caliente, agregue el ajo restante, ejotes, zanahorias y pimientos; saltee 5 minutos. Usando una cuchara

perforada, pase las verduras a un plato y mantenga calientes.

4 Caliente el aceite restante en el wok, agregue el cordero y saltee 2 minutos o hasta suavizar. Vuelva a colocar las verduras en el wok con las castañas de agua, jitomates y la marinada que reservó. Cuando suelte el hervor, reduzca la temperatura y hierva a fuego lento 1 minuto. Sirva de inmediato con arroz pegajoso recién cocido en hojas de plátano, si lo desea.

DATO CULINARIO

El arroz pegajoso o glutinoso tiene alto contenido de almidón. Los granos se pegan al cocerse, por lo que puede comerse fácilmente con palitos chinos.

CARNE DE RES SZECHUAN

INGREDIENTES   Rinde 4 porciones

450 g/1 lb de filete de res
3 cucharadas de salsa hoisin
2 cucharadas de salsa de frijol
  amarillo
2 cucharadas de jerez seco
1 cucharada de brandy
2 cucharadas de aceite de maní
2 chiles rojos, sin semillas y en
  rebanadas
8 manojos de cebollitas de
  cambray, limpias y picadas
2 dientes de ajo, sin piel y picados
2.5 cm/1 in de jengibre fresco,
  pelado y cortado en juliana
1 zanahoria pelada, rebanada a lo
  largo y cortada en juliana

2 pimientos verdes, sin semillas y
  cortados en trozos de 2.5 cm/1 in
1 lata de 227 g de castañas de
  agua, drenadas y cortadas en
  mitades
ramas de cilantro fresco para
  adornar
fideo recién cocido con granos de
  pimienta Szechuan recién
  molidos, como guarnición

1 Limpie el filete, desechando los nervios y grasa, y corte en tiras de 5 mm/¼ in. Coloque en un plato grande y poco profundo. En un tazón, mezcle la salsa hoisin, salsa de frijol amarillo, jerez y brandy. Revuelva hasta incorporar por completo. Vierta sobre la carne y mueva hasta cubrir uniformemente. Forre con plástico adherente y marine por lo menos 30 minutos

2 Caliente un wok o sartén grande para freír, agregue el aceite y, cuando esté caliente, agregue los chiles, cebollitas de cambray, ajo y jengibre; saltee 2 minutos o hasta suavizar. Usando una cuchara perforada, pase a un plato y mantenga caliente.

3 Agregue la zanahoria y pimientos al wok y saltee 4 minutos o hasta suavizar ligeramente. Pase a un plato

y mantenga caliente.

4 Escurra el filete, reservando la marinada. Coloque en el wok y saltee de 3 a 5 minutos o hasta dorar. Vuelva a poner en el wok la mezcla de chiles, la de zanahoria y pimientos y la marinada. Agregue las castañas de agua y saltee 2 minutos o hasta calentar por completo. Adorne con ramas de cilantro y sirva de inmediato con el fideo.

DATO CULINARIO

Las castañas de agua crecen en una planta tipo junquillo. Al pelarlas quedan blancas, dulces y crujientes. Debido a su textura, más que a su sabor, son muy populares en los salteados.

SALTEADO DE NUECES DE LA INDIA CON CARNE DE PUERCO

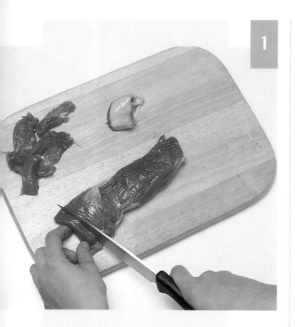

INGREDIENTES   Rinde 4 porciones

450 g/1 lb de lomo de puerco

4 cucharadas de salsa de soya

1 cucharada de fécula de maíz

125 g/4 oz de nueces de la india sin sal

4 cucharadas de aceite de girasol

450 g/1 lb de apio, limpio y partido

2.5 cm/1 in de jengibre pelado y cortado en juliana

2 dientes de ajo, sin piel y picados

1 pimiento rojo, sin semillas y en rebanadas

300 ml/½ pt de consomé de pollo

2 cucharadas de cilantro recién picado

fideo recién cocido, como guarnición

1 Usando un cuchillo filoso, limpie el puerco, desechando todos los nervios y grasa. Corte en rebanadas de 2 cm/¾ in y coloque en un plato poco profundo. Mezcle la salsa de soya con la fécula de maíz hasta disolver y desaparecer los grumos, vierta sobre el puerco. Mezcle hasta cubrir con la mezcla de fécula de maíz, tape con plástico adherente y marine en el refrigerador por lo menos 30 minutos.

2 Caliente una sartén antiadherente para freír. Cuando esté caliente, agregue las nueces de la india y fría de 2 a 3 minutos, o hasta tostar, moviendo constantemente. Pase a un plato y reserve.

3 Caliente un wok o sartén grande para freír, agregue 2 cucharadas del aceite y, cuando esté caliente, agregue el apio, jengibre, ajo y pimiento; saltee 5 minutos o hasta suavizar. Usando una cuchara perforada, pase a un plato y mantenga caliente.

4 Escurra el puerco, reservando la marinada. Agregue el aceite restante al wok y, cuando esté caliente, agregue el puerco y saltee 5 minutos o hasta dorar. Vuelva a poner las verduras reservadas en el wok con la marinada y el consomé. Cuando suelte el hervor, reduzca la temperatura y hierva a fuego lento 2 minutos, hasta que espese. Incorpore las nueces de la india tostadas y el cilantro picado. Sirva de inmediato con fideo recién cocido.

DATO CULINARIO

Los anacardos o nueces de la india, actualmente cultivados en los trópicos, se originaron en Sudamérica. El fruto es grande, brillante y de color rosado, rojo o amarillo. Algunas veces se convierten en bebida o jalea. La semilla pequeña, dura, y con cáscara que tiene en medio de la fruta, tiene forma de riñón y contiene al anacardo.

ALBÓNDIGAS DE CORDERO CON COL

INGREDIENTES | Rinde 4 porciones

450g/1 lb de carne recién molida de cordero

1 cucharada de perejil recién picado

1 cucharada de jengibre recién rallado

1 cucharada de salsa de soya clara

1 yema de huevo mediano

4 cucharadas de salsa de soya oscura

2 cucharadas de jerez seco

1 cucharada de fécula de maíz

3 cucharadas de aceite vegetal

2 dientes de ajo, sin piel y picados

1 manojo de cebollitas de cambray, limpias y picadas

½ col, limpia y picada

½ cabeza de hojas chinas, limpias y picadaschile rojo recién picado, para adornar

1 En un tazón grande, mezcle la carne de cordero con el perejil, jengibre, salsa de soya clara y yema de huevo. Divida la mezcla en porciones del tamaño de una nuez y forme bolitas con sus manos. Coloque en una charola de hornear, tape con plástico adherente y refrigere por lo menos 30 minutos.

2 Mientras tanto, mezcle en un tazón pequeño la salsa de soya oscura, jerez y fécula de maíz disuelta en 2 cucharadas de agua, hasta integrar. Reserve.

3 Caliente un wok, agregue el aceite y, cuando esté caliente, añada las bolitas de carne y cocine de 5 a 8 minutos o hasta dorar, volteando ocasionalmente. Usando una cuchara perforada, pase las bolitas a un plato grande y mantenga calientes.

4 Agregue al wok el ajo, cebollitas, col y hojas chinas y saltee 3 minutos. Vierta sobre la mezcla la salsa de soya reservada. Cuando suelte el hervor, reduzca la temperatura y hierva a fuego lento 30 segundos o hasta espesar. Vuelva a poner las bolitas de carne en el wok. Adorne con el chile rojo picado y sirva de inmediato.

CONSEJO SABROSO

Este platillo está hecho con ingredientes sencillos y básicos pero, si lo prefiere, puede sustituirlos por ingredientes chinos, como vinagre de vino de arroz en lugar del jerez y hojas de pak choi en vez de col. Como las bolitas de carne llevan huevo crudo, asegúrese de cocerlas totalmente.

LOMO DE PUERCO CON SALSA BARBECUE

INGREDIENTES

Rinde 4 porciones

2 cucharadas de miel de abeja clara

2 cucharadas de salsa hoisin

2 cucharaditas de puré de tomate

2.5 cm/1 in de jengibre fresco, pelado y picado

450 g/1 oz de lomo de puerco

3 cucharadas de aceite vegetal

1 diente de ajo, pelado y picado

1 manojo de cebollitas de cambray, limpias y picadas

1 pimiento rojo, sin semillas y cortado en trozos

1 pimiento amarillo, sin semillas y cortado en trozos

350 g/12 oz de arroz de grano largo, cocido

125 g/4 oz de chícharos congelados precocidos, descongelados

2 cucharadas de salsa de soya clara

1 cucharada de aceite de ajonjolí

50 g/2 oz de hojuelas de almendras tostadas

1 Precaliente el horno a 200°C/ 400°F/Marca de Gas 6, durante 15 minutos antes de cocinar. En un tazón, mezcle la miel, salsa hoisin, puré de tomate y jengibre. Limpie el puerco, desechando todos los nervios y grasa. Coloque en un plato poco profundo y unte con la miel y salsa hoisin hasta cubrir por completo. Forre con plástico adherente y refrigere 4 horas, volteando de vez en cuando.

2 Retire el puerco de la marinada y coloque en un refractario para asar, reservando la marinada. Cocine en horno precalentado de 20 a 25 minutos, o hasta que esté suave y salga un jugo claro al picarlo con un trinche. Glasee con la marinada que reservó ocasionalmente durante el cocimiento. Retire el puerco del horno, deje reposar 5 minutos, corte en rebanadas delgadas y mantenga caliente.

3 Mientras tanto, caliente un wok o sartén grande para freír, agregue el aceite vegetal y, cuando esté caliente, añada el ajo, cebollitas de cambray y pimientos. Fría 4 minutos o hasta suavizar. Agregue el arroz y chícharos; saltee 2 minutos.

4 Añada la salsa de soya, aceite de ajonjolí y almendras; saltee 30 segundos o hasta calentar por completo. Coloque en un platón caliente y cubra con el puerco rebanado. Sirva de inmediato.

CONSEJO

Si no encuentra hojuelas de almendra tostadas, coloque las almendras en una charola de hornear dentro del horno de 5 a 10 minutos mientras cocina el puerco. Revíselas con frecuencia pues pueden quemarse fácilmente.

CORDERO Y PIMENTOS A LAS ESPECIAS

INGREDIENTES
Rinde 4 porciones

550 g/1¼ lb de filete de cordero
4 cucharadas de salsa de soya
1 cucharada de jerez seco
1 cucharada de fécula de maíz
3 cucharadas de aceite vegetal
1 manojo de cebollitas de
  cambray, picadas
225 g/8 oz de flores de brócoli
2 dientes de ajo, sin piel y picados
2.5 cm/1 in de jengibre fresco,
  pelado y cortado en juliana
1 pimiento rojo, sin semillas y
  cortado en trozos

1 pimiento verde, sin semillas y
  cortado en trozos
2 cucharaditas de polvo chino de
  cinco especias
1 ó 2 cucharaditas de chiles
  machacados o al gusto
1 cucharada de puré de jitomate
1 cucharada de vinagre de vino
  de arroz
1 cucharada de azúcar morena
  clara
fideo recién cocido, como
  guarnición

1 Corte el cordero en rebanadas de 2 cm/¾ in. Colóquelas en un plato poco profundo. En un tazón pequeño, mezcle la salsa de soya, jerez y fécula de maíz y vierta sobre el cordero. Voltee el cordero hasta cubrir ligeramente con la marinada. Forre con plástico adherente y marine en el refrigerador por lo menos 30 minutos, volteando de vez en cuando.

2 Caliente un wok o sartén grande para freír, agregue el aceite y, cuando esté caliente, saltee las cebollitas de cambray y el brócoli 2 minutos. Añada el ajo, jengibre y pimientos; fría 2 minutos más. Usando una cuchara perforada, pase las verduras a un plato y mantenga calientes.

3 Retire la carne de la marinada con la ayuda de una cuchara perforada, escurriendo para retirar el exceso de marinada. Coloque en el wok y saltee 5 minutos o hasta dorar por completo. Reserve la marinada.

4 Vuelva a poner las verduras en el wok e integre el polvo chino de cinco especias, chiles, puré de tomate, marinada reservada, vinagre y azúcar. Hierva, moviendo constantemente, hasta espesar. Hierva a fuego lento 2 minutos o hasta calentar por completo. Sirva de inmediato con fideo.

DATO CULINARIO

El vino de arroz chino, o Shaoxing, se usa para beber y cocinar y es un ingrediente esencial en los platillos para banquetes. Si no lo encuentra, puede sustituirlo por jerez seco.

CHULETAS DE CORDERO AL BRANDY

INGREDIENTES

Rinde 4 porciones

8 chuletas de cordero

3 cucharadas de aceite de maní

5 cm/2 in de jengibre fresco, pelado y cortado en juliana

2 dientes de ajo, sin piel y picados

225 g/8 oz de champiñones, limpios y en mitades si son grandes

2 cucharadas de salsa de soya clara

2 cucharadas de jerez seco

1 cucharada de brandy

1 cucharadita de polvo chino de cinco especias

1 cucharadita de azúcar morena clara

200 ml/7 fl oz de consomé de cordero o pollo

1 cucharadita de aceite de ajonjolí

PARA LA GUARNICIÓN:

arroz recién cocido

vegetales recién salteados

1 Usando un cuchillo filoso, limpie las chuletas de cordero, desechando los nervios y la grasa. Caliente un wok o sartén grande para freír, agregue el aceite y, cuando esté caliente, añada las chuletas de cordero y cocine 3 minutos sobre cada lado o hasta dorar. Usando una espátula para pescado, pase las chuletas de cordero a un plato y mantenga calientes.

2 Agregue el jengibre, ajo y champiñones al wok y saltee 3 minutos o hasta dorar los champiñones.

3 Vuelva a colocar las chuletas en el wok con la salsa de soya, jerez, brandy, polvo de cinco especias y azúcar. Agregue el consomé. Cuando suelte el hervor, reduzca la temperatura y hierva a fuego lento de 4 a 5 minutos o hasta que el cordero esté suave, a segurándose de que el líquido no se evapore por completo. Agregue el aceite de ajonjolí y caliente 30 segundos más. Coloque en un platón caliente y sirva de inmediato con arroz recién cocido y verduras salteadas.

DATO CULINARIO

El cordero no se come mucho en China. Sin embargo, los musulmanes chinos (que no pueden comer puerco) a menudo lo cocinan al igual que los mongoles y la gente de Sinkiang. Use una pequeña cantidad de consomé para este platillo, de preferencia uno que no tenga demasiada sal, pues la salsa se reduce ligeramente. Elija uno hecho en casa o uno fresco del supermercado.

DOBLADITAS DE COL CON CARNE DE PUERCO

INGREDIENTES   Rinde 4 porciones

8 hojas grandes de col verde

1 cucharada de aceite vegetal

2 tallos de apio, limpio y picado

1 zanahoria, pelada y cortada en
    juliana

125 g/4 oz de carne de puerco
    recién molida

50 g/2 oz de champiñones, lavados
    y rebanados

1 cucharadita de polvo chino de
    cinco especias

50 g/2 oz de arroz de grano largo,
    cocido

jugo de 1 limón

1 cucharada de salsa de soya

150 ml/¼ pt de consomé de pollo

PARA LA SALSA DE JITOMATE:

1 cucharada de aceite vegetal

1 manojo de cebollitas de cambray,
    limpias y picadas

1 lata de 400 g de jitomates picados

1 cucharada de salsa de soya clara

1 cucharada de menta fresca picada

pimienta negra recién molida

1 Precaliente el horno a 180°C/
350°F/Marca de Gas 4, durante
10 minutos antes de cocinar. Para
hacer la salsa, caliente el aceite en
un cazo grueso, agregue las cebollitas
de cambray y cocine 2 minutos o
hasta suavizar.

2 Coloque en un cazo los jitomates,
salsa de soya y menta; hierva,
tape, reduzca la temperatura y cocine
a fuego lento 10 minutos. Sazone al
gusto con pimienta. Recaliente si
fuera necesario.

3 Mientras tanto, blanquee las
hojas de col en un cazo grande
con agua ligeramente salada durante
3 minutos. Escurra y refresque bajo
el chorro de agua fría. Seque con
toallas de papel y reserve.

4 Caliente el aceite en un cazo
pequeño. Agregue el apio,
zanahoria y carne molida de puerco;

cocine 3 minutos. Integre el polvo
chino de cinco especias, arroz, jugo
de limón y salsa de soya. Caliente.

5 Coloque un poco del relleno
en el centro de cada hoja de
col y doble para cubrir el relleno.
Coloque en un refractario poco
profundo con la unión hacia abajo.
Bañe con el consomé y cocine en
el horno precalentado 30 minutos.
Sirva de inmediato con la salsa
recalentada de jitomate.

CONSEJO

Use hojas grandes, del mismo
tamaño, como las de la col, que
son flexibles al blanquearlas.
Si fuera necesario, retire la
orilla gruesa del tallo antes
de blanquearlas.

PATO EN SALSA DE FRIJOL NEGRO

INGREDIENTES

Rinde 4 porciones

450 g/1 lb de pechuga de pato, sin piel

1 cucharada de salsa de soya clara

1 cucharada de vino de arroz chino o jerez seco

2.5 cm/1 in de jengibre fresco

3 dientes de ajo sin piel y machacados

2 cebollitas de cambray

2 cucharadas de frijol negro chino en conserva

1 cucharada de aceite vegetal o de maní

150 ml/¼ pt de consomé de pollo

cebollitas de cambray ralladas, para adornar

fideo recién cocido, como guarnición

1 Usando un cuchillo filoso, limpie las pechugas de pato, retirando su grasa. Rebane toscamente y coloque en un plato poco profundo. Mezcle la salsa de soya y vino de arroz chino o jerez y vierta sobre el pato. Marine 1 hora en el refrigerador, escurra y deseche la marinada.

2 Pele el jengibre y pique finamente. Pele los dientes de ajo y macháquelos. Corte la raíz de las cebollitas de cambray, deseche las hojas exteriores y pique. Corte finamente los frijoles negros.

3 Caliente un wok o sartén grande para freír, agregue el aceite y, cuando esté muy caliente, añada el jengibre, ajo, cebollitas de cambray y frijoles negros; saltee 30 segundos. Agregue el pato drenado y saltee de 3 a 5 minutos, o hasta dorar.

4 Incorpore el consomé de pollo y hierva. Cuando suelte el hervor, reduzca la temperatura y cocine a fuego lento 5 minutos o hasta que el pato esté cocido y la salsa se reduzca y espese. Retire del calor. Coloque sobre una cama de fideo recién cocido, adorne con hilos de cebollita de cambray y sirva de inmediato.

CONSEJO

La forma de presentar y adornar un platillo es sumamente importante tanto en la cocina china como en la tai. Es fácil hacer hilos finos de vegetales coloridos. Para hacer hilos de cebollitas de cambray, corte prácticamente todo el bulbo blanco y recorte la punta. Divida la parte verde restante a lo largo haciendo hilos finos. Estos pueden rizarse colocándolos unos minutos en agua con hielo.

POLLITO GLASEADO ESTILO CHINO CON ARROZ BICOLOR

INGREDIENTES

Rinde 4 porciones

4 pollitos (poussins) listos para hornear

sal y pimienta negra recién molida

300 ml/½ pt de jugo de manzana

1 varita de canela

2 anís estrella

½ cucharadita de polvo chino de cinco especias

50 g/2 oz de azúcar moscabado oscuro

2 cucharadas de salsa catsup

1 cucharada de vinagre de sidra

cáscara rallada de 1 naranja

350 g/12 oz de arroz basamanti mixto y arroz salvaje

125 g/4 oz de chícharo chino, finamente rebanadas a lo largo

1 manojo de cebollitas de cambray, limpias y finamente cortadas a lo largo

sal y pimienta negra recién molida

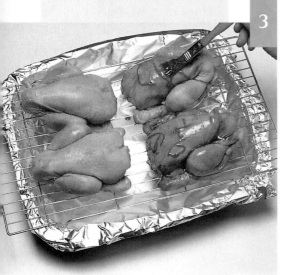

1 Precaliente el horno a 200°C/ 400°F durante 15 minutos antes de cocinar. Lave los pollitos por dentro y por fuera. Seque con toallas de papel. Usando unas tijeras, retire todas las plumas. Sazone con sal y pimienta. Reserve.

2 Vierta el jugo de manzana en un cazo pequeño y agregue la varita de canela, anís estrella y polvo chino de cinco especias. Hierva a fuego lento hasta que se reduzca a la mitad. Reduzca el calor, agregue el azúcar, salsa de tomate, vinagre y cáscara de naranja. Hierva a fuego lento hasta que se disuelva el azúcar y el glaseado se caramelice. Retire del fuego y deje enfriar completamente. Retire las especias enteras.

3 Coloque los pollitos sobre una rejilla de alambre colocada encima de un refractario cubierto con papel aluminio. Barnice generosamente con el glaseado de manzana. Ase en el horno caliente de 40 a 45 minutos o hasta que, al picar el muslo con un trinche, el jugo salga claro, bañando una o dos veces con el glaseado. Retire los pollitos del horno y deje enfriar ligeramente.

4 Mientras tanto, cocine el arroz siguiendo las instrucciones del paquete. En una olla grande hierva agua ligeramente salada y agregue el chícharo chino. Blanquee 1 minuto y escurra. Tan pronto se cueza el arroz, escurra y pase a un tazón caliente. Agregue los chícharos chinos y las cebollitas de cambray, sazone al gusto y mezcle. Acomode sobre platos calientes, coloque un pollito en cada uno y sirva de inmediato.

POLLO ASADO CON BERENJENAS

INGREDIENTES

Rinde 4 porciones

3 cucharadas de aceite vegetal

12 muslos de pollo

2 berenjenas grandes, limpias y partidas en cubos

4 dientes de ajo, sin piel y machacados

2 cucharaditas de jengibre fresco, rallado

900 ml/1½ pts de consomé vegetal

2 cucharadas de salsa de soya clara

2 cucharadas de frijol negro en conserva

6 cebollitas de cambray, limpias y en rebanadas diagonales delgadas

1 cucharada de fécula de maíz

1 cucharada de aceite de ajonjolí

borlas de cebollitas de cambray, para adornar

fideo o arroz recién cocido, como guarnición

1 Caliente un wok o sartén grande para freír, agregue el aceite y, cuando esté caliente, agregue los muslos de pollo. Cocine sobre temperatura media-alta 5 minutos, o hasta dorar totalmente. Pase a un plato grande y mantenga caliente.

2 Coloque la berenjena en el wok y cocine sobre temperatura alta 5 minutos o hasta dorar, moviendo de vez en cuando. Agregue el ajo y el jengibre y saltee 1 minuto.

3 Vuelva a poner el pollo en el wok, incorpore el consomé y agregue la salsa de soya y frijol negro. Hierva, reduzca la temperatura y cocine a fuego lento 20 minutos o hasta que el pollo esté suave. Agregue las cebollitas de cambray después de 10 minutos.

4 Disuelva la fécula de maíz en 2 cucharadas de agua. Integre al wok y hierva a fuego lento hasta que espese la salsa. Incorpore el aceite de ajonjolí, caliente 30 segundos y retire del calor. Adorne con borlas de cebollitas de cambray y sirva de inmediato con fideo o arroz.

CONSEJO SABROSO

Para hacer su propio consomé de pollo estilo chino, pique toscamente 1 cebolla, 2 tallos de apio y 2 zanahorias. Coloque en un cazo grande con unos cuantos hongos shiitake y rebanadas de jengibre fresco. Integre 1.4 l/2½ pts de agua fría, hierva a fuego lento cubriendo parcialmente, 30 minutos. Deje enfriar, cuele con una coladera de malla fina y deseche los vegetales. Refrigere.

PATO SALTEADO CON NUECES DE LA INDIA

INGREDIENTES

Rinde 4 porciones

450 g/1 lb de pechuga de pato, deshuesada y sin piel

3 cucharadas de aceite de maní

1 diente de ajo, picado

1 cucharadita de jengibre fresco, pelado y recién rallado

1 zanahoria pelada y rebanada

125 g/4 oz de chícharo chino

2 cucharaditas de vino de arroz chino o jerez seco

1 cucharada de salsa de soya clara

1 cucharadita de fécula de maíz

50 g/2 oz de nueces de la india sin sal, asadas

1 cebollita de cambray, picada

1 cebollita de cambray, rallada

arroz hervido o al vapor, como guarnición

1 Limpie las pechugas de pato, desechando la grasa y rebane toscamente. Caliente el wok, agregue 2 cucharadas del aceite y, cuando esté caliente, agregue las pechugas de pato rebanadas. Cocine de 3 a 4 minutos o hasta sellar. Usando una cuchara perforada, retire del wok y deje escurrir sobre toallas de papel.

2 Limpie el wok y regrese al fuego. Agregue el aceite restante y, cuando esté caliente, agregue el ajo y el jengibre. Saltee 30 segundos, agregue la zanahoria y los chícharos chinos. Fría 2 minutos más, incorpore el vino de arroz chino o jerez y salsa de soya.

3 Disuelva la fécula de maíz en 1 cucharadita de agua y agregue al wok. Mezcle y hierva. Vuelva a poner las rebanadas de pato en el wok y hierva a fuego lento 5 minutos, o hasta que la carne y los vegetales estén suaves. Agregue las nueces de la india y retire el wok del calor.

4 Adorne con las cebollitas de cambray picadas y rebanadas. Sirva de inmediato con arroz hervido o cocido al vapor.

CONSEJO

El chícharo chino actualmente se pueden encontrar durante todo el año. Busque las pequeñas vainitas de color verde brillante que contienen chícharos planos apenas formados y no las que tienen bolas grandes. Refrigérelas menos de 2 días antes de usarlas, para maximizar su fresco sabor dulce. Al prepararlas, retire las orillas, jalando todas las hebras entre ellas. Ase en seco las nueces de la india en el wok antes de empezar a sellar las pechugas de pato. Asegúrese de que no se quemen.

POLLO SALTEADO AL LIMÓN

INGREDIENTES   Rinde 4 porciones

350 g/12 oz de pechuga de pollo
  sin hueso ni piel
1 clara de huevo grande
5 cucharaditas de fécula de maíz
3 cucharadas de aceite vegetal o
  de maní
150 ml/¼ pt de consomé de pollo
2 cucharadas de jugo de limón
  fresco
2 cucharadas de salsa de soya
  clara

1 cucharada de vino de arroz
  chino o jerez seco
1 cucharada de azúcar
2 dientes de ajo, sin piel y
  finamente picados
¼ cucharadita de hojuelas de chile
  seco, o al gusto

PARA ADORNAR:

tiras de cáscara de limón
rebanadas de chile rojo

1 Usando un cuchillo filoso, limpie el pollo, desechando la grasa y cortando en tiras delgadas de aproximadamente 5 cm/2 in de largo y 1 cm/½ in de grueso. Coloque en un plato poco profundo. Bata ligeramente la clara de huevo con 1 cucharada de fécula de maíz hasta disolver. Vierta sobre las tiras de pollo y mezcle para cubrir uniformemente. Deje marinar en el refrigerador por lo menos 20 minutos.

2 Cuando esté listo para cocinarlo, escurra el pollo y reserve. Caliente un wok o sartén grande para freír, agregue el aceite y, cuando esté caliente, agregue el pollo y saltee de 1 a 2 minutos, o hasta que el pollo se torne blanco. Usando una cuchara perforada, retire del wok y reserve.

3 Limpie el wok y vuelva a calentar. Agregue el consomé de pollo, jugo de limón, salsa de soya, vino de arroz chino o jerez, azúcar, ajo y hojuelas de chile; hierva. Mezcle la fécula de maíz

restante con 1 cucharada de agua e integre el consomé. Cocine a fuego lento 1 minuto.

4 Vuelva a poner el pollo en el wok y continúe hirviendo a fuego lento de 2 a 3 minutos, o hasta que el pollo esté suave y la salsa haya espesado. Adorne con tiras de limón y rebanadas de chile rojo. Sirva de inmediato.

DATO CULINARIO

Las hojuelas de chile son chiles rojos secos y machacados que se usan mucho en algunas zonas de China, donde se pueden ver tiras largas de chiles rojos secándose al sol.

SALTEADO DE PAVO Y VERDURAS

INGREDIENTES   Rinde 4 porciones

350 g/12 oz de vegetales mixtos: elotes miniatura, 1 pimiento rojo pequeño, pak choi, hongos, flores de brócoli y zanahorias cambray

1 chile rojo

2 cucharadas de aceite de maní

350 g/12 oz de pechuga de pavo sin hueso ni piel, rebanada en tiras delgadas en contra de la veta

2 dientes de ajo, sin piel y finamente picados

2.5 cm/1 in de jengibre fresco, pelado y finamente rallado

3 cebollitas de cambray, limpias y finamente rebanadas

2 cucharadas de salsa de soya clara

1 cucharada de vino de arroz chino o jerez seco

2 cucharadas de consomé de pollo o agua

1 cucharadita de fécula de maíz

1 cucharadita de aceite de ajonjolí

fideo o arroz recién cocido, como guarnición

PARA ADORNAR:

50 g/2 oz de nueces de la india, tostadas

2 cebollitas de cambray, finamente picadas

25 g/1 oz de germinado de frijol

1 Rebane o pique los vegetales en trozos pequeños, dependiendo cuales vaya a usar. Parta los elotes miniatura en mitades a lo largo, retire las semillas del pimiento rojo y rebane finamente, desmenuce o ralle el pak choi, rebane los hongos, separe el brócoli en flores y corte las zanahorias en juliana. Retire las semillas del chile y pique finamente.

2 Caliente un wok o sartén grande para freír, agregue el aceite y, cuando esté caliente, añada las tiras de pavo y saltee 1 minuto o hasta que se tornen blancas. Agregue el ajo, jengibre, cebollitas de cambray y chile. Cocine unos cuantos segundos.

3 Agregue la zanahoria, pimiento, brócoli y hongos preparados. Saltee 1 minuto. Agregue los elotes miniatura y pak choi; fría 1 minuto.

4 Mezcle la salsa de soya, vino de arroz chino o jerez, consomé o agua y vierta sobre los vegetales. Disuelva la fécula de maíz en 1 cucharadita de agua e incorpore a los vegetales hasta integrar. Hierva y cuando suelte el hervor, reduzca la temperatura y cocine a fuego lento 1 minuto. Agregue el aceite de ajonjolí. Coloque la mezcla en un platón caliente, adorne con las nueces de la india, cebollitas de cambray picadas y germinados de frijol. Sirva de inmediato con fideo o arroz.

DATO CULINARIO

Los germinados de frijol vienen del frijol mongo.

PIERNAS DE PATO CRUJIENTES CON CREPAS CHINAS

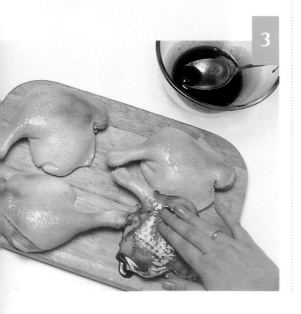

INGREDIENTES   Rinde 6 porciones

900 g/2 lb de ciruelas, en mitades

25 g/1 oz de mantequilla

2 anís estrella

1 cucharadita de jengibre fresco, pelado y recién rallado

50 g/2 oz de azúcar morena clara

cáscara rallada y jugo de 1 naranja

sal y pimienta negra recién molida

4 piernas de pato

3 cucharadas de salsa de soya oscura

2 cucharadas de azúcar morena oscura

½ pepino, cortado en juliana

1 manojo pequeño de cebollitas de cambray, limpias y picadas

18 crepas chinas, calientes

1 Precaliente el horno a 220°C/ 425°F durante 15 minutos antes de cocinar. Deseche los huesos de las ciruelas y coloque en un cazo con la mantequilla, anís estrella, jengibre, azúcar morena clara, cáscara y jugo de naranja. Sazone al gusto con pimienta. Cocine sobre calor suave hasta disolver el azúcar. Hierva, reduzca la temperatura y cocine a fuego lento 15 minutos, moviendo ocasionalmente hasta que las ciruelas estén suaves y la mezcla espese. Retire el anís estrella. Deje enfriar.

2 Usando un tenedor, pique las piernas de pato por todos lados. Coloque en un tazón grande y cubra con agua hirviendo para retirar un poco de su grasa. Escurra, seque con toallas de papel y deje reposar hasta que se enfríen.

3 Mezcle la salsa de soya, azúcar morena oscura y ½ cucharadita de sal. Frote esta mezcla generosamente sobre las patas de pato. Pase a una rejilla de alambre colocada sobre un refractario de metal y ase en el horno precalentado de 30 a 40 minutos, o hasta tostar por completo y que la piel esté dorada y crujiente. Retire del horno y deje reposar 10 minutos.

4 Deshebre la carne de pato usando un tenedor para detener la pierna caliente y otro para retirar la carne. Pase a un platón caliente con el pepino y cebollitas de cambray. Sirva de inmediato con la jalea de ciruelas y crepas calientes.

DATO CULINARIO

Para calentar las crepas apílelas y cúbralas con papel aluminio. Colóquelas en un plato dentro de una vaporera, o meta al horno durante 15 minutos después de haber sacado el pato y apagado el horno.

CODORNICES CHINAS TIPO BARBECUE CON BERENJENAS

INGREDIENTES — Rinde 6 porciones

4 codornices

2 cucharadas de sal

3 cucharadas de salsa hoisin

1 cucharada de vino de arroz chino o jerez seco

1 cucharada de salsa de soya clara

700 g/1½ lb de berenjenas, limpias y partidas en cubos

1 cucharada de aceite

4 dientes de ajo, sin piel y finamente picados

1 cucharada de jengibre fresco, sin piel y recién picado

6 cebollitas de cambray, limpias y finamente picadas

3 cucharadas de salsa de soya oscura

¼ cucharadita de hojuelas de chile seco

1 cucharada de salsa de frijol amarillo

1 cucharada de azúcar

PARA ADORNAR:

ramas de cilantro fresco

chile rojo rebanado

1 Precaliente el horno a 240°C/ 475°F. Frote las codornices por dentro y por fuera con 1 cucharada de la sal. Mezcle la salsa hoisin, vino de arroz chino o jerez y salsa de soya clara. Frote las codornices tanto en el interior como en el exterior con la salsa. Pase a un refractario de metal pequeño para asar y ase en el horno precalentado 5 minutos. Reduzca la temperatura a 180°C/350°F y con- tinúe asando 20 minutos. Apague el horno y deje las codornices 5 minu- tos, retire y deje reposar 10 minutos.

2 Coloque la berenjena en un colador y espolvoree con la sal restante. Deje escurrir 20 minutos, enjuague bajo el chorro de agua y seque con toallas de papel.

3 Caliente un wok o sartén grande para freír sobre calor moderado.

Agregue el aceite y, cuando esté caliente, añada las berenjenas, ajo, jengibre y 4 de las cebollitas de cambray. Cocine 1 minuto. Agregue la salsa de soya oscura, hojuelas de chile, salsa de frijol amarillo, azúcar y 450 ml/¾ pt de agua. Hierva, reduzca la temperatura y cocine a fuego lento, sin tapar, de 10 a 15 minutos.

4 Eleve a temperatura alta y continúe cociendo, moviendo de vez en cuando, hasta reducir y espesar ligeramente la salsa. Ponga cucharadas de la mezcla de berenjena sobre platos individuales calientes y cubra con una codorniz. Adorne con la cebollita de cambray restante, chile fresco y una rama de cilantro. Sirva de inmediato.

POLLO ASADO ESTILO CHINO CON TRES SALSAS

INGREDIENTES   Rinde 4 porciones

1.4 kg/3 lb de pollo listo para hornear

sal

6 cebollitas de cambray, limpias

5 cm/2 in de jengibre fresco, sin piel y rebanado

2 cucharaditas de granos de pimienta Szechuan, machacados

2½ cucharaditas de granos de sal de mar o sal de mar gruesa

2 cucharaditas de jengibre fresco, recién rallado

4 cucharadas de salsa de soya

oscura

4 cucharadas de aceite de girasol

1 cucharadita de azúcar

2 dientes de ajo, picados

3 cucharadas de salsa de soya clara

1 cucharada de vino de arroz chino o jerez seco

1 cucharadita de aceite de ajonjolí

3 cucharadas de vinagre de arroz

1 chile rojo pequeño, rebanado

rizos de cebollitas de cambray

arroz al azafrán recién cocido al vapor, como guarnición

1 Retire la grasa del interior del pollo, frote por dentro y por fuera con ½ cucharadita de sal y deje reposar 20 minutos. En una olla, coloque 3.4 l/6 pts de agua con 2 cebollitas de cambray y el jengibre. Hierva. Agregue el pollo poniendo la pechuga hacia abajo. Vuelva a hervir, tape y cocine a fuego lento 20 minutos. Retire del calor y deje reposar 1 hora. Retire el pollo y deje enfriar.

2 En una sartén antiadherente, fría los granos de pimienta Szechuan en seco, hasta que aromaticen y se doren ligeramente. Machaque, mezcle con la sal de mar y reserve.

3 Exprima el jugo de la mitad del jengibre, mezcle con la salsa de soya oscura, 1 cucharada del aceite de girasol y la mitad del azúcar. Reserve.

4 Pique finamente las cebollitas de cambray restantes y mezcle en un tazón con el ajo y jengibre restante. Caliente el aceite restante a humear y fría el ajo y el jengibre. Cuando deje de sisear, integre la salsa de soya clara, vino de arroz chino o jerez y aceite de ajonjolí. Reserve.

5 Integre el vinagre de arroz, azúcar restante y chile. Mezcle hasta disolver el azúcar. Reserve.

6 Retire la piel del pollo, corte las patas y despréndalas del muslo. Separe la carne de la pechuga del hueso en 2 trozos y rebane a lo ancho en rebanadas gruesas. Espolvoree la mezcla de sal y pimienta sobre el pollo. Adorne con rizos de cebollitas de cambray y sirva con las salsas para remojar y la mezcla de cebollitas de cambray con arroz.

POLLO ASADO A LA NARANJA

INGREDIENTES

Rinde 6 porciones

1 naranja pequeña, finamente
rebanada

50 g/2 oz de azúcar

1.4 kg/3 lb de pollo listo para
hornear

1 manojo pequeño de cilantro

1 manojo pequeño de menta fresca

2 cucharadas de aceite de oliva

1 cucharadita de polvo chino de

cinco especias

½ cucharadita de paprika

1 cucharadita de semillas de
hinojo, machacadas

sal y pimienta negra recién molida

ramas de cilantro fresco para
adornar

verduras recién cocidas, como
guarnición

1 Precaliente el horno a 190°C/
375°F durante 10 minutos.
Coloque las rebanadas de naranja
en un cazo pequeño, cubra con agua
y hierva. Reduzca la temperatura y
hierva a fuego lento 2 minutos;
escurra. Coloque el azúcar en un
cazo limpio con 150 ml/¼ pt de
agua. Mezcle sobre el calor hasta
disolver el azúcar. Hierva, agregue
las rebanadas de naranja escurridas
y reduzca la temperatura. Cocine
a fuego lento 10 minutos. Retire
del calor y deje reposar en la miel
hasta enfriar.

2 Retire el exceso de grasa del
interior del pollo. Separe con
cuidado la piel del pollo, haciendo
un corte longitudinal desde el cuello
hasta la pechuga y piernas, sin
romperlo. Coloque rebanadas de
naranja, el cilantro y menta debajo
de la piel suelta.

3 Mezcle el aceite de oliva, polvo
chino de cinco especias, paprika
y semillas de hinojo. Sazone al gusto

con sal y pimienta. Barnice la piel
del pollo generosamente con esta
mezcla. Pase a una rejilla de alambre
colocada sobre un refractario de
metal para asar y ponga en el horno
precalentado 1 hora y ½ o hasta que
al picarlo en la parte más gruesa del
muslo salga un jugo claro. Retire del
horno y deje reposar 10 minutos.
Adorne con ramas de cilantro fresco
y sirva con verduras recién cocidas.

CONSEJO SABROSO

Para hacer arroz al horno,
mezcle una cebolla picada con
1 cucharada de aceite de girasol
en un refractario. Incorpore
250 g/9 oz de arroz de grano
largo, retire del calor. Incorpore
750 ml/1¼ pts de consomé
vegetal o de pollo, 1 anís estrella,
½ varita de canela, 1 hoja de laurel, sal y pimienta. Tape y cocine
45 minutos o hasta suavizar.
Esponje con un tenedor y
retire las especias.

ALITAS DE POLLO HORNEADAS ESTILO TAI

INGREDIENTES

Rinde 4 porciones

- 4 cucharadas de miel de abeja clara
- 1 cucharada de salsa de chile
- 1 diente de ajo, sin piel y machacado
- 1 cucharadita de jengibre fresco, recién rallado
- 1 tallo de hierba-limón, sin hojas exteriores, y finamente picado
- 2 cucharadas de cáscara de limón sin semilla
- 3 ó 4 cucharadas de jugo de limón sin semilla recién hecho

- 1 cucharada de salsa de soya clara
- 1 cucharadita de comino molido
- 1 cucharadita de cilantro molido
- ¼ cucharadita de canela molida
- 1.4 kg/3 lb de alitas de pollo (aproximadamente 12 alas grandes)
- 6 cucharadas de mayonesa
- 2 cucharadas de cilantro recién picado
- rebanadas de limón agrio o limón sin semilla para adornar

1 Precaliente el horno a 190°C/ 375°F durante 10 minutos. En un cazo pequeño, mezcle la miel, salsa de chile, ajo, jengibre, hierba-limón, 1 cucharada de la cáscara de limón, 2 cucharadas del jugo de limón con la salsa de soya, comino, cilantro y canela. Caliente suavemente hasta que empiece a burbujear, retire del calor y deje enfriar.

2 Prepare las alas de pollo doblando las puntas hacia abajo de la parte más gruesa de la carne para formar un triángulo. Acomode en un refractario poco profundo. Bañe con la mezcla de miel, volteando las alas para asegurarse de que estén bien cubiertas. Tape con plástico adherente y marine en el refrigerador 4 horas o durante toda la noche, volteando una o dos veces.

3 Mezcle la mayonesa con la cáscara de limón y jugo restante además del cilantro. Deje reposar

para que suelte el sabor mientras se cocina.

4 Acomode las alas en una rejilla sobre un refractario metálico para asar. Ase en la parte superior del horno precalentado de 50 a 60 minutos o hasta que las alas estén suaves y doradas, glaseándolas una o dos veces con la marinada restante y volteando una vez. Retire del horno. Adorne con rebanadas de limón y sirva de inmediato con mayonesa.

CONSEJO

Si lo desea, puede servir una salsa sazonada para remojar mezclando 1 cucharada de cáscara de limón con el jugo de éste, 2 pequeños chiles rojos frescos estilo tai, sin semillas y rebanados, 1 cucharada de azúcar, 3 cucharadas de salsa de pescado y 1 cucharada de agua.

POLLO ASADO A LAS ESPECIAS CON CHUTNEY DE TOMATE Y CHALOTE

INGREDIENTES

Rinde 4 porciones

3 cucharadas de aceite de girasol

2 chiles rojos picantes, sin semillas y picados

3 dientes de ajo, sin piel y picados

1 cucharadita de cúrcuma molida

1 cucharadita de semillas de comino

1 cucharadita de semillas de hinojo

1 cucharada de albahaca recién picada

1 cucharada de azúcar morena oscura

125 ml/4 fl oz de vinagre de vino blanco o arroz

2 cucharaditas de aceite de ajonjolí

4 cuartos de pechugas grandes de pollo, con alas

225 g/8 oz de chalotes pequeños, sin piel y en mitades

2 cucharadas de vino de arroz chino o jerez seco

50 g/2 oz de azúcar molida

175 g/6 oz de jitomates cereza, en mitades

2 cucharadas de salsa de soya clara

PARA ADORNAR:

ramas de cilantro fresco

ramas de eneldo fresco

rebanadas de limón

1 Precaliente el asador a temperatura media 5 minutos antes de cocinar. Caliente un wok o sartén grande para freír, agregue 1 cucharada del aceite de girasol y, cuando esté caliente, agregue los chiles, ajo, cúrcuma, comino, semillas de hinojo y albahaca. Fría 5 minutos, agregue el azúcar, 2 cucharadas de vinagre y mezcle hasta que se disuelva. Retire, integre el aceite de girasol y deje enfriar.

2 Haga 3 ó 4 cortes en la parte más gruesa de las pechugas. Unte la pasta de especias sobre el pollo, coloque en un plato, tape y marine en el refrigerador por lo menos 4 horas o durante toda la noche.

3 En una olla, caliente el aceite de girasol. Agregue los chalotes y ajo restante. Cocine suavemente 15 minutos. Añada el vinagre sobrante, vino de arroz chino o jerez y azúcar con 50 ml/2 fl oz de agua. Hierva, reduzca la temperatura y cocine a fuego lento 10 minutos o hasta espesar. Agregue los jitomates con la salsa de soya y hierva a fuego lento de 5 a 10 minutos, o hasta que el líquido se reduzca. Deje enfriar el chutney.

4 Pase las piezas de pollo a un recipiente para asar y cocine bajo el asador precalentado de 15 a 20 minutos de cada lado, o hasta que esté totalmente cocido, bañando con frecuencia. Adorne con ramas de cilantro y rebanadas de limón. Sirva de inmediato con el chutney.

PATO SELLADO CON CIRUELAS EN CONSERVA

INGREDIENTES
Rinde 4 porciones

4 pechugas de pato pequeñas, deshuesadas y sin piel

2 dientes de ajo, sin piel y machacados

1 cucharadita de salsa de chile picante

2 cucharaditas de miel de abeja

2 cucharaditas de azúcar morena

jugo de 1 limón sin semilla

1 cucharada de salsa de soya

6 ciruelas grandes, partidas a la mitad y sin hueso

50 g/2 oz de azúcar molida

50 ml/2 fl oz de vinagre de vino blanco

¼ cucharadita de hojuelas de chile seco

¼ cucharadita de comino molido

1 cucharada de aceite de girasol

150 ml/¼ pt de consomé de pollo

2 cucharadas de salsa de ostión

ramas de perejil liso

fideo recién cocido, como guarnición

1 Haga unas marcas con el cuchillo sobre cada pechuga de pato y colóquelas en un plato poco profundo. Mezcle el ajo, salsa de chile, miel, azúcar morena, jugo de limón y salsa de soya. Unte sobre el pato y deje marinar en el refrigerador 4 horas o durante la noche, si tiene tiempo. Mueva de vez en cuando.

2 Coloque las ciruelas en un cazo con el azúcar, vinagre de vino blanco, hojuelas de chile y canela. Hierva a fuego lento 5 minutos, o hasta que las ciruelas estén suaves, deje enfriar.

3 Retire el pato de la marinada y seque con toallas de papel. Reserve la marinada. Caliente un wok o sartén grande para freír, agregue el aceite y, cuando esté caliente, dore el pato por ambos lados. Incorpore la salsa de ostión y la marinada reservada. Hierva a

fuego lento 5 minutos. Retire el pato y mantenga caliente.

4 Retire las ciruelas del líquido y reserve. Integre el líquido con la salsa del pato, hierva, reduzca la temperatura y cocine a fuego lento, sin tapar, 5 minutos o hasta reducir y espesar. Acomode el pato en platos calientes. Divida las ciruelas entre los platos y bañe con la salsa. Adorne con perejil y sirva de inmediato con fideo.

CONSEJO

Para marinar use un plato de vidrio o majolica. Los de plástico absorberán el olor y color de las marinadas; los de metal pueden tener reacción a los ingredientes ácidos.

OMELETTE RELLENO ESTILO TAI

INGREDIENTES   Rinde 4 porciones

1 chalote, sin piel y picado
toscamente

1 diente de ajo, sin piel y picado
toscamente

1 chile rojo pequeño, sin semillas
y picado toscamente

15 g/½ oz de hojas de cilantro

una pizca de azúcar

2 cucharaditas de salsa de soya
clara

2 cucharaditas de salsa de
pescado tai

4 cucharadas de aceite vegetal o
de maní

175 g/6 oz de pechugas de pollo
sin hueso ni piel, en rebanadas
delgadas

½ berenjena pequeña, limpia y
cortada en dados

50 g/2 oz de champiñones u
hongos shiitake, limpios y
rebanados

½ pimiento rojo pequeño, sin
semillas y rebanado

50 g/2 oz de ejotes delgados,
limpios y en mitades

2 cebollitas de cambray, limpias y
en rebanadas gruesas

25 g/1 oz de chícharos congelados
precocidos, descongelados

6 huevos medianos

sal y pimienta negra recién molida

ramas de albahaca fresca, para
adornar

1 En el tazón de un molino de especias o procesador de alimentos, coloque el chalote, ajo, chile, cilantro y azúcar. Mezcle hasta picar finamente. Agregue la salsa de soya, salsa de pescado y 1 cucharada del aceite vegetal. Mezcle ligeramente para hacer una pasta. Reserve.

2 Caliente un wok o sartén grande para freír, agregue 1 cucharada del aceite y, cuando esté caliente, integre el pollo y la berenjena. Saltee de 3 a 4 minutos, o hasta dorar. Agregue los hongos, pimiento rojo, ejotes y cebollitas. Fría de 3 a 4 minutos o hasta que estén dorados, agregando los chícharos en el último minuto. Retire del calor e integre la pasta reservada de cilantro. Reserve.

3 En un tazón, bata los huevos y sazone al gusto con sal y pimienta. Caliente el aceite restante en una sartén antiadherente para freír, agregue los huevos ladeando la sartén para que los huevos cubran la base. Mueva los huevos hasta que empiecen a cocerse, y después cocine 1 ó 2 minutos, o hasta que estén firmes en la base pero ligeramente suaves por encima.

4 Coloque la mezcla de pollo y vegetales en una mitad de la omelette y doble cuidadosamente para cubrir con la otra mitad. Cocine a calor bajo de 2 a 3 minutos o hasta que el huevo esté cocido y la mezcla de pollo esté caliente. Adorne con una rama de albahaca y sirva de inmediato.

POLLO AL CURRY ROJO

INGREDIENTES   Rinde 4 porciones

225 ml/8 fl oz de crema de coco

2 cucharadas de aceite vegetal

2 dientes de ajo

2 cucharadas de pasta de curry
  rojo estilo tai

2 cucharadas de salsa de pescado
  tai

2 cucharaditas de azúcar

350 g/12 oz de pechugas de pollo
  sin hueso ni piel, en rebanadas

450 ml/¾ pt de consomé de pollo

2 hojas de limón, picadas

chile rojo picado, para adornar

arroz recién hervido o arroz
  aromático estilo tai cocido al
  vapor, como guarnición

1 Coloque la crema de coco en un cazo pequeño y caliente suavemente. Mientras tanto, caliente un wok o sartén grande para freír y agregue el aceite. Cuando esté muy caliente, gire el aceite alrededor del wok hasta cubrir ligeramente las paredes, agregue el ajo y saltee de 10 a 20 segundos, o hasta que empiece a dorarse. Agregue la pasta de curry y saltee unos segundos e integre la crema de coco caliente.

2 Cocine la mezcla de crema de coco 5 minutos, o hasta que cuaje y espese. Incorpore la salsa de pescado y azúcar. Agregue la pechuga de pollo finamente rebanada y cocine de 3 a 4 minutos, o hasta que el pollo se torne blanco.

3 Ponga el consomé en el wok, hierva, reduzca la temperatura y cocine a fuego lento 1 ó 2 minutos, o hasta que esté cocido. Incorpore las hojas de limón picadas. Coloque en un platón caliente, adorne con el chile rojo picado y sirva de inmediato acompañando con arroz.

CONSEJO SABROSO

El arroz aromático tai tiene una consistencia suave y ligeramente esponjosa. En Tailandia por lo general se cocina de la siguiente forma, se usa agua fría en vez de agua hirviendo para retener su delicado sabor. Para 4 personas, use 400 ml (14 fl oz) de arroz. Enjuague bajo el chorro de agua fría y coloque en un cazo de base gruesa con 600 ml/1 pt de agua fría. El agua deberá taparlo por 2.5 cm/1 in. Agregue una pizca generosa de sal, hierva, reduzca la temperatura y cocine a fuego lento 15 minutos o hasta que casi toda el agua se haya evaporado. Cubra con una tapa apretada, baje la temperatura lo más que se pueda y cocine 5 minutos más, o hasta que se absorba toda el agua y el arroz esté suave. Para agregar sabor, puede usar consomé ligero en vez de agua.

PAVO AL CURRY VERDE

INGREDIENTES

Rinde 4 porciones

4 berenjenas cambray, limpias y
partidas en cuartos

1 cucharadita de sal

2 cucharadas de aceite de girasol

4 chalotes, sin piel y partidos en
mitades o cuartos

2 dientes de ajo, sin piel y
rebanados

2 cucharadas de pasta de curry
verde tai

150 ml/¼ pt de consomé de pollo

1 cucharada de salsa de

pescado tai

1 cucharada de jugo de limón agrio

350 g/12 oz de pechugas de pavo
sin hueso ni piel, en cubos

1 pimiento rojo, sin semillas y
rebanado

125 g/4 oz de ejotes, limpios y en
mitades

25 g/1 oz de crema de coco sólida

arroz recién hervido o arroz
aromático tai al vapor, como
guarnición

1 Coloque las berenjenas en un
colador y espolvoree con la sal.
Ponga sobre un plato o fregadero
para escurrir y deje reposar 30
minutos. Enjuague bajo el
chorro de agua fría y seque con
toallas de papel.

2 Caliente un wok o sartén
grande para freír, agregue el
aceite de girasol y, cuando esté
caliente, añada los chalotes y ajo.
Saltee 3 minutos o hasta que
empiecen a dorarse. Añada la pasta
de curry y fría 1 ó 2 minutos.
Integre el consomé, salsa de
pescado y jugo de limón; hierva a
fuego lento 10 minutos.

3 Ponga el pavo, pimiento y
ejotes en el wok con las
berenjenas. Vuelva a hervir a fuego
lento de 10 a 15 minutos, o hasta
que el pavo y los vegetales estén
suaves. Agregue la crema de coco
sólida y mezcle. Cuando se

derrita y la salsa haya espesado,
coloque en un platón caliente y
sirva de inmediato.

DATO CULINARIO

Algunos tipos de berenjena crecen
en Tailandia. Por lo general los tailandeses prefieren las variedades
más pequeñas, que tienen un
sabor más delicado. Se pueden
encontrar en tiendas orientales en
donde se conocen como berenjenas chinas, pero si no las encuentra, use berenjenas cambray como
sugerimos en esta receta.

POLLO TAI CON CHILE Y CACAHUATES

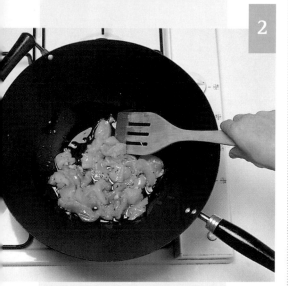

INGREDIENTES

Rinde 4 porciones

2 cucharadas de aceite vegetal o de maní

1 diente de ajo, sin piel y finamente picado

1 cucharadita de hojuelas de chile seco

350 g/12 oz de pechuga de pollo sin piel ni hueso, en rebanadas delgadas

1 cucharada de salsa de pescado tai

2 cucharadas de cacahuates,

asados y picados toscamente

225 g/8 oz de arvejas dulces

3 cucharadas de consomé de pollo

1 cucharada de salsa de soya clara

1 cucharada de salsa de soya oscura

1 pizca generosa de azúcar

cilantro recién picado, para adornar

arroz hervido o al vapor, como guarnición

1 Caliente un wok o sartén grande para freír. Agregue el aceite y, cuando esté caliente, gire con cuidado para cubrir ligeramente los lados. Añada el ajo y saltee de 10 a 20 segundos, o hasta que empiece a dorarse. Incorpore las hojuelas de chile y fría unos segundos más.

2 Añada el pollo finamente rebanado y saltee de 2 a 3 minutos, o hasta que se torne blanco.

3 Agregue los siguientes ingredientes mezclando después de cada uno: salsa de pescado, cacahuates, arvejas dulces, consomé de pollo, salsas de soya y azúcar. Mezcle.

4 Hierva y cuando suelte el hervor, reduzca la temperatura. Cocine a fuego lento de 3 a 4 minutos o hasta que el pollo y los vegetales estén suaves. Retire del calor y pase a un platón caliente. Adorne con el

cilantro picado y sirva de inmediato con arroz hervido o al vapor.

DATO CULINARIO

El aceite de maní o cacahuate es un aceite de leguminosas. A menudo se usa en la cocina tai debido a su sabor suave y la facilidad de calentarse a temperaturas muy altas sin quemarse, haciéndolo perfecto para los salteados y la fritura profunda. No intente hacer salteados con aceite de oliva pues no es el adecuado. Si usara aceite de oliva extra virgen sería un gran desperdicio pues se perdería su delicado sabor.

PAVO SALTEADO ESTILO TAI

INGREDIENTES

Rinde 4 porciones

2 cucharadas de arroz aromático tai

2 cucharadas de jugo de limón

de 3 a 5 cucharadas de consomé de pollo

2 cucharadas de salsa de pescado tai

½ ó 1 cucharadita de pimienta de cayena, o al gusto

125 g/4 oz de carne recién molida

de pavo

2 chalotes, sin piel y picados

½ tallo de hierba-limón, sin hojas exteriores y finamente rebanado

1 hoja de limón, finamente rebanada

1 cebollita de cambray, limpia y finamente picada

cilantro recién picado, para adornar

hojas chinas, para servir

1 Coloque el arroz en una sartén pequeña para freír y cocine, moviendo constantemente sobre calor medio-alto de 4 a 5minutos, o hasta dorar. Pase a un molino de especias o licuadora y pulse ligeramente para moler toscamente. Reserve.

2 En un cazo pequeño, coloque el jugo de limón, 3 cucharadas del consomé, la salsa de pescado y la pimienta de cayena; hierva. Agregue el pavo molido y vuelva a hervir. Continúe cociendo sobre calor alto hasta sellar el pavo por todos lados.

3 Agregue los chalotes y el hierba-limón, hoja de limón, cebollitas de cambray y arroz reservado. Continúe cociendo 1 ó 2 minutos más, agregando un poco más de consomé si fuera necesario para mantener la humedad.

4 Ponga un poco de la mezcla en cada hoja china y acomode sobre un platón o platos individuales. Adorne con un poco de cilantro picado y sirva de inmediato.

CONSEJO SABROSO

Cocer el arroz antes de molerlo le da un sabor tostado a nuez. Al cocinarlo tenga cuidado de no dorar demasiado, solo ligeramente para no arruinar su sabor. Las hojas chinas son buenos recipientes para servir y permiten comer este platillo con los dedos. También se puede usar como una deliciosa entrada para 6 u 8 personas.

PATO AGRI-PICANTE

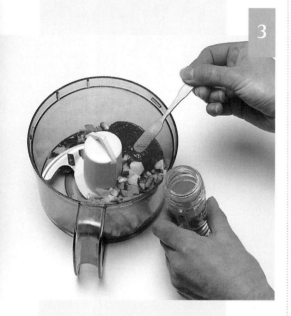

INGREDIENTES   Rinde 4 porciones

4 pechugas pequeñas de pavo sin hueso, con piel, en rebanadas delgadas a lo ancho

1 cucharadita de sal

4 cucharadas de pulpa de tamarindo

4 chalotes, sin piel y picados

2 dientes de ajo, sin piel y picados

2.5 cm/1 in de jengibre fresco, sin piel y picado

1 cucharadita de cilantro molido

3 chiles rojos grandes, sin semillas y picados

½ cucharadita de cúrcuma

6 almendras blanqueadas, picadas

125 ml/4 fl oz de aceite vegetal

1 lata de 227 g de tallos de bambú, drenados, enjuagados y en rebanadas delgadas

sal y pimienta negra recién molida

ramas de cilantro fresco para adornar

arroz recién cocido, como guarnición

1 Espolvoree el pato con la sal, tape ligeramente y refrigere 20 minutos.

2 Mientras tanto, coloque la pulpa de tamarindo en un tazón pequeño, cubra con 4 cucharadas de agua caliente y deje reposar 2 ó 3 minutos, o hasta suavizar. Pase por un colador y coloque el líquido en otro tazón sacando aproximadamente 2 cucharadas de jugo terso.

3 Coloque el jugo de tamarindo en un procesador de alimentos con los chalotes, ajo, jengibre, cilantro, chiles, cúrcuma y almendras. Mezcle hasta integrar, agregando un poco más de agua si fuera necesario. Reserve la pasta.

4 Caliente un wok o sartén grande para freír, agregue el aceite y, cuando esté caliente, saltee el pato en tandas de 3 minutos, o hasta que

tome color. Escurra sobre toallas de papel.

5 Reserve 2 cucharadas del aceite y coloque el resto en el wok. Vuelva a calentar. Agregue la pasta y saltee 5 minutos. Añada el pato y fría 2 minutos. Integre los tallos de bambú y saltee 2 minutos. Sazone al gusto con sal y pimienta. Coloque en un platón caliente, adorne con ramas de cilantro fresco y sirva de inmediato acompañando con arroz.

DATO CULINARIO

Aunque los tallos de bambú prácticamente no tienen sabor, dan un sabor fresco y crujiente a los platillos. De vez en cuando se pueden comprar frescos. Sin embargo, los de lata son baratos y muy buenos.

Arroz Frito con Pollo Tai

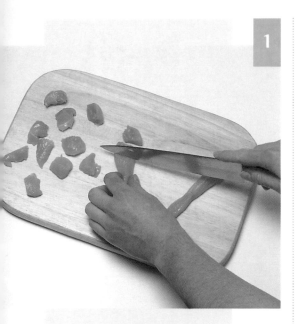

INGREDIENTES   Rinde 4 porciones

175 g/6 oz de pechuga de pollo,
deshuesada y sin piel

2 cucharadas de aceite vegetal

2 dientes de ajo, sin piel y
finamente picados

2 cucharaditas de pasta de curry

450 g/1 lb de arroz cocido frío

1 cucharada de salsa de soya clara

2 cucharadas de salsa de
pescado tai

1 pizca generosa de azúcar
pimienta negra recién molida

PARA ADORNAR:

2 cebollitas de cambray, limpias y
cortadas a lo largo

½ cebolla pequeña, pelada y muy
finamente rebanada

1 Usando un cuchillo filoso,
limpie el pollo, desechado los
cartílagos y grasa. Corte en cubos
pequeños y reserve.

2 Caliente un wok o sartén grande
para freír, agregue el aceite y,
cuando esté caliente, añada el ajo y
cocine de 10 a 20 segundos, o hasta
dorar. Agregue la pasta de curry y
saltee unos segundos. Añada el pollo
y fría de 3 a 4 minutos, o hasta que
esté suave y se torne blanco.

3 Incorpore el arroz cocido frío
a la mezcla de pollo, agregue la
salsa de soya, salsa de pescado y
azúcar, moviendo después de cada
adición. Saltee de 2 a 3 minutos o
hasta que el pollo esté cocido y el
arroz esté hirviendo.

4 Rectifique la sazón y, si fuera
necesario, agregue un poco más
de salsa de soya. Coloque el arroz
y la mezcla de pollo en un platón
caliente. Sazone ligeramente con
pimienta negra y adorne con
cebollitas de cambray picadas y

rebanadas de cebolla. Sirva
de inmediato.

CONSEJO SABROSO

Hay una gran variedad de pastas
de curry, desde la suave y
ligeramente sazonada hasta la
muy picante. En esta receta
sugerimos la pasta de curry
término medio, pero use su
favorita, siempre y cuando ésta
sea pasta de curry estilo tai, ya
sea de curry rojo o verde, pero
no debe ser estilo hindú.

ENSALADA CALIENTE DE FIDEO CON ADEREZO DE AJONJOLÍ Y CACAHUATE

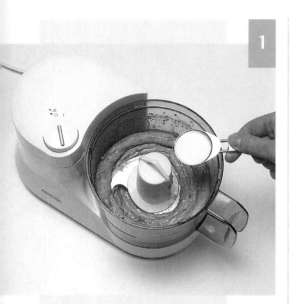

INGREDIENTES — Rinde de 4 a 6 porciones

- 125 g/4 oz de mantequilla de cacahuate cremosa
- 6 cucharadas de aceite de ajonjolí
- 3 cucharadas de salsa de soya clara
- 2 cucharadas de vinagre de vino tinto
- 1 cucharada de jengibre fresco, sin piel y recién rallado
- 2 cucharadas de crema dulce para batir

- 1 paquete de 250 g de fideo chino fino de huevo
- 125 g/4 oz de germinado de frijol
- 225 g/8 oz de elotes miniatura
- 125 g/4 oz de zanahorias, peladas y cortadas en juliana
- 125 g/4 oz de chícharo chino
- 125 g/4 oz de pepino, cortado en tiras delgadas
- 3 cebollitas de cambray, limpias y finamente picadas

1 Coloque la mantequilla de cacahuate, 4 cucharadas del aceite de ajonjolí, salsa de soya, vinagre y jengibre en el procesador de alimentos. Mezcle hasta suavizar, incorpore 75 ml/3 fl oz de agua caliente y mezcle una vez más. Incorpore la crema, mueva ligeramente hasta suavizar. Vierta el aderezo en un frasco y reserve.

2 Hierva en una olla agua ligera-mente salada, agregue el fideo y germinado. Cocine 4 minutos, o de acuerdo a las instrucciones del paquete. Escurra, enjuague bajo el chorro de agua fría y escurra una vez más. Integre el aceite de ajonjolí restante y mantenga caliente.

3 Hierva en un cazo agua ligeramente salada y agregue los elotes miniatura, zanahorias y chícharo chino; cocine de 3 a 4 minutos, o hasta que estén suaves pero crujientes. Escurra y corte a la mitad. Rebane los elotes miniatura (si son muy grandes) en 2 ó 3 trozos y acomode en un platón caliente con el fideo. Agregue las tiras de pepino y cebollitas de cambray. Bañe con un poco del aderezo y sirva de inmediato acompañando con el aderezo restante.

DATO CULINARIO

Hay 2 variedades de aceite de ajonjolí. Uno claro y pálido hecho de semillas sin tostar; el otro oscuro y pesado. Su delicioso aroma y sabor a nuez es demasiado fuerte para usarse en grandes cantidades, por lo que recomendamos elija el claro para esta receta. O, si lo desea, mezcle 2 cucharadas de aceite de ajonjolí tostado oscuro con 4 cucharadas de un aceite más suave como el de maní o girasol.

SALTEADO DE PEPINO A LAS ESPECIAS

INGREDIENTES   Rinde 4 porciones

25 g/1 oz de frijol de soya negro, remojado en agua fría por una noche

1½ pepinos

2 cucharaditas de sal

1 cucharada de aceite de maní

½ cucharadita de chile suave en polvo

4 dientes de ajo, sin piel y machacados

5 cucharadas de consomé de pollo

1 cucharadita de aceite de ajonjolí

1 cucharada de perejil recién picado para adornar

1 Enjuague los frijoles remojados, escurra. Coloque en un cazo, cubra con agua fría y hierva, retirando la espuma que salga a la superficie. Hierva 10 minutos, reduzca la temperatura y cocine a fuego lento de 1 a 1½ horas. Escurra y reserve.

2 Pele los pepinos, rebane a lo largo y retire las semillas. Corte en rebanadas de 2.5 cm/1 in y coloque en un colador sobre un tazón. Espolvoree el pepino con sal y deje reposar 30 minutos. Enjuague con agua fría, escurra y seque con toallas de papel.

3 Caliente un wok o sartén grande para freír, agregue el aceite y, cuando esté caliente, agregue el polvo de chile, ajo y frijoles negros; saltee 30 segundos. Agregue el pepino y fría 20 segundos.

4 Vierta el consomé al wok, añada el pepino y cocine de 3 a 4 minutos, o hasta que el pepino esté muy suave. El líquido se habrá evaporado para entonces. Retire del calor e integre el aceite de ajonjolí. Vacíe en un platón caliente, adorne con perejil picado y sirva de inmediato.

DATO CULINARIO

Los frijoles negros de soya son pequeños y ovalados. Denominados "carne de la tierra" en China, donde en algún tiempo fueron considerados alimento sagrado. Son la única leguminosa que contiene los 8 aminoácidos esenciales, por lo que son una excelente fuente de proteínas. Por ser muy duros deben remojarse como mínimo 5 horas antes de cocerse. Enjuague después de remojar, colóquelos en una olla, cubra con agua fría y hierva vigorosamente 10 minutos. Retire la espuma que salga a la superficie. Escurra, enjuague una vez más y vuelva a cubrir con agua fría. Tape y hierva a fuego lento de 1 a 1½ horas o hasta que estén suaves.

ARROZ FRITO CON HUEVO ESTILO CHINO

INGREDIENTES

Rinde 4 porciones

250 g/9 oz de arroz de grano largo

1 cucharada de aceite de ajonjolí oscuro

2 huevos grandes

1 cucharada de aceite de girasol

2 dientes de ajo, sin piel y machacados

2.5 cm/1 in de jengibre fresco, sin piel y rallado

1 zanahoria, sin piel y cortada en juliana

125 g/4 oz de chícharo chino, en mitades

1 lata de 220 g de castañas de agua, drenadas y en mitades

1 pimiento amarillo, sin semillas y cortado en dados

4 cebollitas de cambray, limpias y finamente picadas

2 cucharadas de salsa de soya clara

½ cucharadita de paprika

sal y pimienta negra recién molida

1 En un cazo, hierva agua ligeramente salada, agregue el arroz y cocine 15 minutos, o de acuerdo a las instrucciones del paquete. Escurra y deje enfriar.

2 Caliente un wok o sartén grande para freír y agregue el aceite de ajonjolí. En un tazón pequeño bata los huevos y vacíelos en el wok caliente. Usando un tenedor, baje el huevo de los lados hacia el centro hasta que se cueza, voltee y cocine del otro lado. Cuando esté cocido y dorado, ponga en una tabla de picar. Deje reposar y corte en tiras muy delgadas.

3 Limpie el wok con toallas de papel, vuelva a poner al calor y agregue el aceite de girasol. Cuando esté caliente, agregue el ajo y jengibre; saltee 30 segundos. Agregue los vegetales restantes y continúe friendo 3 ó 4 minutos, o hasta que esté suave pero aún crujiente.

4 Incorpore el arroz cocido que reservó, la salsa de soya y la paprika. Sazone al gusto con sal y pimienta. Incorpore las tiras de huevo cocido. Caliente. Pase a un platón caliente y sirva de inmediato.

CONSEJO

El arroz frito originalmente fue inventado para aprovechar y condimentar los restos de arroz. El más fino se hace con arroz recién cocido frío pero que no se ha refrigerado, por lo que no está demasiado húmedo ni seco. En esta receta el arroz se condimenta con ajo y jengibre. No almacene arroz cocido por más de 24 horas.

TEMPURA DE VEGETALES

INGREDIENTES   Rinde de 4 a 6 porciones

125 g/4 oz de harina de arroz

75 g/3 oz de harina de trigo

4 cucharaditas de polvo de hornear

1 cucharada de mostaza seca en polvo

2 cucharaditas de semolina o trigo duro

sal y pimienta negra recién molida

300 ml/½ pt de aceite de maní

125 g/4 oz de calabacitas, limpias y rebanadas gruesas

125 g/4 oz de elotes miniatura

4 cebollas moradas pequeñas, peladas y partidas en cuartos

1 pimiento rojo grande, sin semillas y cortado en tiras anchas de 2.5 cm/1 in

salsa de soya clara, para remojar

1 Cierna la harina de arroz, la de trigo, el polvo para hornear y la mostaza en polvo sobre un tazón grande.

2 Incorpore la semolina y sazone al gusto con sal y pimienta. Bata gradualmente con 300 ml/½ pt de agua fría para hacer una pasta delgada para capear. Deje reposar a temperatura ambiente 30 minutos.

3 Caliente un wok o sartén grande para freír, agregue el aceite y caliente a 180°C/350°F. Trabajando en tandas y usando una cuchara perforada, sumerja las verduras en la pasta hasta cubrir por completo y colóquelas cuidadosamente en el aceite caliente. Cocine cada tanda de 2 a 3 minutos, o hasta dorar. Escurra sobre toallas de papel y mantenga calientes mientras capea las demás tandas.

4 Pase las verduras a un platón caliente y sirva de inmediato con salsa de soya clara para remojar.

CONSEJO

La pasta para capear las frituras de vegetales debe ser muy delgada, para que permita ver las verduras cocidas a través de ella. Al hacerla, tenga cuidado de no mezclar demasiado ya que la pasta debe tener algunos grumos. Fría profundamente en tandas, pues de otra forma bajará la temperatura del aceite y los fritos no saldrán crujientes.

CURRY DE COLIFLOR Y PAPAS ESTILO TAI

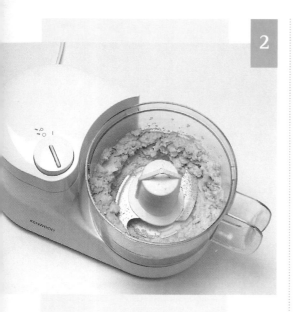

INGREDIENTES · Rinde 4 porciones

450 g/1 lb de papitas cambray, peladas y partidas en mitades o cuartos

350 g/12 oz de ramitos de coliflor

3 dientes de ajo, sin piel y machacados

1 cebolla, pelada y finamente picada

40 g/1½ oz de almendras molidas

1 cucharadita de cilantro molido

½ cucharadita de comino molido

½ cucharadita de cúrcuma

3 cucharadas de aceite de maní

sal y pimienta negra recién molida

50 g/2 oz de crema de coco sólida, en trozos pequeños

200 ml/7 fl oz de consomé de vegetales

1 cucharada de chutney de mango

ramas de cilantro fresco, para adornar

arroz de grano largo recién cocido, como guarnición

1 Hierva agua ligeramente salada en un cazo. Agregue las papas y cocine 15 minutos o hasta suavizar. Escurra y deje enfriar. Hierva la coliflor 2 minutos, escurra y refresque bajo el chorro de agua fría. Escurra una vez más y reserve.

2 Mientras tanto, mezcle el ajo, cebolla, almendras molidas y especias con 2 cucharadas del aceite, sal y pimienta al gusto en un procesador de alimentos; hasta formar una pasta suave. Caliente un wok, agregue el aceite restante y, cuando esté caliente, añada la pasta de especias y cocine de 3 a 4 minutos, moviendo continuamente.

3 Disuelva la crema de coco sólida en 6 cucharadas de agua hirviendo y coloque en el wok. Integre el consomé, cocine de 2 a 3 minutos e incorpore las papas cocidas y la coliflor.

4 Añada el chutney de mango y caliente de 3 a 4 minutos o hasta que hierva. Coloque en un platón caliente, adorne con ramas de cilantro fresco y sirva de inmediato con arroz recién cocido.

CONSEJO

Los vegetales suavemente sazonados de este platillo, absorben el sabor y color de las especias. Tenga cuidado de no cocer demasiado la coliflor ya que debe quedar ligeramente suave para esta receta. Las flores de brócoli pueden ser una buena alternativa.

CALABACITAS HORNEADAS AL COCO

INGREDIENTES

Rinde 4 porciones

3 cucharadas de aceite de maní

1 cebolla, sin piel y finamente rebanada

4 dientes de ajo, sin piel y machacados

½ cucharadita de chile en polvo

1 cucharadita de cilantro molido

de 6 a 8 cucharadas de coco deshidratado

1 cucharada de puré de tomate

700 g/1½ lb de calabacitas, en rebanadas delgadas

perejil recién picado, para adornar

1 Precaliente el horno a 180°C/ 350°F durante 10 minutos antes de cocinar. Engrase ligeramente con aceite un refractario de 1.4 l/2½ pt. Caliente un wok, agregue el aceite y, cuando esté caliente, añada la cebolla. Saltee de 2 a 3 minutos o hasta suavizar. Agregue el ajo, chile en polvo y cilantro; fría de 1 a 2 minutos.

2 Vierta 300 ml/½ pt de agua fría al wok y hierva. Agregue el coco y puré de tomate y hierva a fuego lento de 3 a 4 minutos; gran parte del agua se evaporará en este paso. Ponga 4 cucharadas de la mezcla de coco y especias en un tazón pequeño y reserve.

3 Incorpore las calabacitas a la mezcla de coco y especias restante hasta cubrir. Pase las calabacitas al refractario engrasado y espolvoree uniformemente con la mezcla de coco y especias reservada. Hornee, sin tapar, en el horno precalentado de 15 a 20 minutos, o hasta dorar. Adorne con el perejil picado y sirva de inmediato.

CONSEJO

Como el coco deshidratado tiene un alto contenido en grasa, no puede almacenarse por mucho tiempo. Compre paquetes pequeños, revisando la fecha de caducidad. Una vez abierto, el coco deshidratado debe consumirse en 2 meses. También puede comprarlo en las tiendas de abarrotes asiáticos, pero a menudo no tiene fecha de caducidad. Huela el contenido ya que es fácil detectar cuando está rancio.

ENSALADA DE VERDURAS COCIDAS CON SALSA SATAY

INGREDIENTES   Rinde 4 porciones

125 ml/4 fl oz de aceite de maní

225 g/8 oz de cacahuates sin sal

1 cebolla, sin piel y finamente picada

1 diente de ajo, sin piel y machacado

½ cucharadita de chile en polvo

1 cucharadita de cilantro molido

½ cucharadita de comino molido

½ cucharadita de azúcar

1 cucharada de salsa de soya oscura

2 cucharadas de jugo de limón fresco

2 cucharadas de aceite de oliva ligero

sal y pimienta negra recién molida

125 g/4 oz de ejotes, limpios y en mitades

125 g/4 oz de zanahorias,

125 g/4 oz de ramitos de coliflor

125 g/4 oz de flores de brócoli

125 g/4 oz de hojas chinas o pak choi, limpias y picadas

125 g/4 oz de germinado de frijol

1 cucharada de aceite de ajonjolí

PARA ADORNAR:

ramas de berro

pepino, cortado en láminas

1 Caliente un wok, agregue el aceite y, cuando esté caliente, añada los cacahuates. Saltee de 3 a 4 minutos. Escurra sobre toallas de papel y deje enfriar. Mezcle en un procesador de alimentos hasta obtener un polvo fino.

2 Coloque la cebolla y ajo con las especias, azúcar, salsa de soya, jugo de limón y aceite de oliva en un procesador de alimentos. Sazone al gusto con sal y pimienta. Mezcle hasta formar una pasta. Pase al wok y saltee de 3 a 4 minutos.

3 Agregue 600 ml/1 pt de agua caliente a la pasta; hierva. Integre el cacahuate molido y hierva a fuego lento de 5 a 6 minutos o hasta que espese. Reserve la salsa satay.

4 Cocine por tandas en agua ligeramente salada. Cocine los ejotes, zanahorias, coliflor y brócoli de 3 a 4 minutos y las hojas chinas o pak choi y germinado por 2 minutos. Escurra cada tanda, rocíe con el aceite de ajonjolí y acomode en un platón caliente. Adorne con el berro y el pepino. Sirva con salsa satay.

DATO CULINARIO

Los cacahuates no son nueces, sino un miembro de la familia de los chícharos, crecen bajo tierra. Son muy nutritivos.

SALTEADO DE VERDURAS MIXTAS

INGREDIENTES   Rinde 4 porciones

2 cucharadas de aceite de maní

4 dientes de ajo, sin piel y
finamente rebanados

2.5 cm/1 in de jengibre fresco,
sin piel y finamente rebanado

75 g/3 oz de flores de brócoli

50 g/2 oz de chícharo chino,
limpio

75 g/3 oz de zanahorias, peladas y
cortadas en juliana

1 pimiento verde, sin semillas y
cortado en tiras

1 pimiento rojo, sin semillas y
cortado en tiras

1 cucharada de salsa de soya

1 cucharada de salsa hoisin

1 cucharadita de azúcar

sal y pimienta negra recién molida

4 cebollitas de cambray, limpias y
picadas para adornar

1 Caliente un wok, agregue el aceite
y, cuando esté caliente, integre
las rebanadas de ajo y jengibre. Saltee
1 minuto.

2 Agregue las flores de brócoli.
Saltee 1 minuto, añada el
chícharo chino, zanahorias y
pimientos rojo y verde. Fría por 3
ó 4 minutos más, o hasta suavizar
pero que estén aún crujientes.

3 En un tazón pequeño, vacíe la
salsa de soya, salsa hoisin y azúcar.
Mezcle, sazone al gusto con sal y
pimienta y ponga en el wok. Pase los
vegetales a un platón caliente. Adorne
con cebollitas de cambray picadas y
sirva de inmediato con algún otro
platillo tai.

DATO CULINARIO

La salsa hoisin es una salsa
espesa, de color café rojizo
oscuro; hecha al mezclar frijoles
de soya con azúcar, vinagre y
especias. Tiene un sabor dulce
y a menudo se usa en la cocina
del sur de China. También se
puede servir como salsa para
el Pato Pekin en vez de la salsa
tradicional de frijol dulce.

CONSEJO

Varíe la combinación de vegetales,
haga la prueba con puntas de
espárragos cortadas en piezas
pequeñas, hongos rebanados,
ejotes, rebanadas de cebolla
morada o ramitos de coliflor.

HUEVOS RELLENOS DE ESPINACA Y AJONJOLÍ ESTILO TAI

INGREDIENTES
Rinde 8 porciones

4 huevos grandes

sal y pimienta negra recién molida

225 g/8 oz de espinaca pequeña

2 dientes de ajo, sin piel y machacados

1 cucharada de cebollitas de cambray, limpias y finamente picadas

1 cucharada de semillas de ajonjolí

75 g/3 oz de harina de trigo

1 cucharada de aceite de oliva claro

300 ml/½ pt de aceite vegetal para freír

PARA ADORNAR:

anillos de chile rojo rebanado

cebollín fresco picado

1 En un cazo pequeño ponga agua a hervir, agregue los huevos, hierva una vez más y cocine de 6 a 7 minutos. Sumerja los huevos en agua fría, retire el cascarón y corte en mitades a lo largo. Usando una cucharita, retire las yemas y colóquelas en un tazón. Reserve las claras.

2 Ponga en una olla 1 cucharadita de agua y ½ cucharadita de sal, agregue las espinacas y cocine hasta suavizar y marchitar. Escurra, exprima el exceso de humedad y pique. Mezcle con la yema de huevo, incorpore el ajo, cebollitas de cambray y semillas de ajonjolí. Sazone al gusto con sal y pimienta. Llene las claras de huevo con la mezcla, aplanándola para darles forma.

3 Coloque la harina en un tazón con el aceite de oliva, una pizca generosa de sal y 125 ml/4 fl oz de agua caliente. Bata hasta formar una mezcla muy tersa.

4 Caliente un wok, agregue el aceite vegetal y caliente a 180°C/350°F. Remoje los huevos rellenos en la mezcla, dejando caer el exceso al tazón. Fría en tandas de 3 a 4 minutos o hasta dorar. Coloque los huevos en el wok con el lado relleno hacia abajo, voltee y termine de cocinar. Retire del wok y escurra sobre toallas de papel. Sirva calientes o fríos adornando con cebollín picado y anillos de chile.

CONSEJO

Los huevos a menudo se rellenan con una combinación de carne de puerco y cangrejo, pero esta versión vegetariana es una deliciosa opción. Puede hacerlos hasta con 24 horas de anticipación.

WONTONS SABROSOS

2

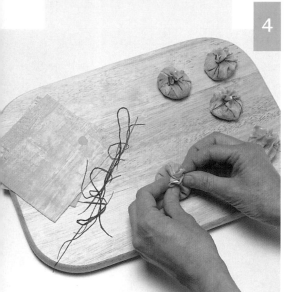

4

5

125 g/4 oz de pasta filo o crepas wonton

15 hojas de cebollín entero

225 g/8 oz de espinaca

25 g/1 oz de mantequilla

½ cucharadita de sal

225 g/8 oz de hongos, lavados y picados toscamente

1 diente de ajo, sin piel y machacado

1 ó 2 cucharadas de salsa de soya oscura

2.5 cm/1 in de jengibre fresco, sin piel y rallado

sal y pimienta negra recién molida

1 huevo pequeño, batido

300 ml/½ pt de aceite de maní para fritura profunda

PARA ADORNAR:

ramas de cebollitas de cambray

rosas de rábanos

1 Corte la pasta filo o crepas wonton en cuadros de 12.5 cm/5 in, apile y cubra con plástico adherente. Refrigere mientras prepara el relleno. Blanquee el cebollín en agua hirviendo durante 1 minuto, escurra y reserve.

2 Derrita la mantequilla en un cazo, agregue las espinacas y sal. Cocine de 2 a 3 minutos o hasta marchitar. Agregue los hongos y ajo. Cocine de 2 a 3 minutos o hasta suavizar.

3 Pase a un tazón la mezcla de espinacas y hongos. Incorpore la salsa de soya y jengibre. Sazone al gusto con sal y pimienta.

4 Coloque una cucharadita de la mezcla de espinacas y hongos en un cuadro de pasta o wonton; barnice las orillas con huevo batido. Junte las 4 esquinas para hacer una

bolsita y amarre con una hojita de cebollín. Haga los demás wontons.

5 Caliente un wok, agregue el aceite y caliente a 180°C/350°F. Fría los wontons en tandas de 2 a 3 minutos, o hasta que estén dorados y crujientes. Escurra sobre toallas de papel y sirva de inmediato, adornando con rizos de cebollitas de cambray y rosas de rábanos.

CONSEJO

Es importante cubrir con plástico adherente los cuadros de pasta filo u hojas de wonton que no esté usando, para evitar que se sequen.

FRITURAS DE MAÍZ CON CONDIMENTO PICANTE Y ESPECIAS

INGREDIENTES   Rinde de 16 a 20 porciones

1 lata de 325 g de granos de elote dulce, drenada

1 cebolla, sin piel y finamente picada

1 cebollita de cambray, limpia y muy finamente picada

½ cucharadita de chile en polvo

1 cucharadita de cilantro molido

4 cucharadas de harina simple

1 cucharadita de polvo para hornear

1 huevo mediano

sal y pimienta negra recién molida

300 ml/½ pt de aceite de maní

ramas de cilantro fresco para adornar

PARA EL CONDIMENTO DE ESPECIAS:

3 cucharadas de aceite de girasol

1 cebolla, pelada y muy finamente picada

¼ cucharadita de chiles secos machacados

2 dientes de ajo sin piel y machacados

2 cucharadas de salsa de ciruela

1 Haga el condimento. Caliente un wok, agregue el aceite de girasol y, cuando esté caliente, añada la cebolla. Saltee de 3 a 4 minutos o hasta suavizar. Agregue los chiles y ajo. Fría 1 minuto y deje reposar para que se enfríen. Integre la salsa de ciruela, pase a un procesador de alimentos y mezcle hasta lograr la consistencia del chutney. Reserve.

2 Coloque los elotes miniatura en un procesador de alimentos y mezcle hasta machacar ligeramente. Pase a un tazón con las cebollas, chile en polvo, cilantro, harina, polvo para hornear y huevo. Sazone al gusto con sal y pimienta; mezcle.

3 Caliente un wok, agregue el aceite y caliente a 180°C/ 350°F. Trabajando en tandas, coloque unas cucharadas de la mezcla de elotes miniatura en el aceite y fría profundamente de 3 a 4 minutos, o hasta que estén dorados y crujientes, volteando de vez en cuando. Usando una cuchara perforada, retírelos y escurra sobre toallas de papel. Acomode sobre un platón, adorne con ramas de cilantro y sirva de inmediato acompañando con el condimento.

CONSEJO SABROSO

Para hacer este platillo de una forma más tradicional, barnice 2 mazorcas de elote dulce con aceite de maní y ase de 7 a 8 minutos, o hasta que empiecen a dorarse. Cuando las mazorcas se enfríen lo suficiente para poder tocarlas, corte los granos de elote.

HOJAS CHINAS CON SALSA AGRIDULCE

INGREDIENTES

Rinde 4 porciones

1 cabeza de hojas chinas

1 paquete de 200 g de pak choi

1 cucharada de fécula de maíz

1 cucharada de salsa de soya

2 cucharadas de azúcar morena

3 cucharadas de vinagre de
   vino tinto

3 cucharadas de jugo de naranja

2 cucharadas de puré de tomate

3 cucharadas de aceite de girasol

15 g/½ oz de mantequilla

1 cucharadita de sal

2 cucharadas de semillas de
   ajonjolí tostadas

1 Deseche las hojas y tallos duros del exterior de la cabeza de hojas chinas y pak choi. Lave el resto. Escurra y seque con toallas de papel. Pique a lo largo. Reserve.

2 En un tazón pequeño, mezcle la fécula de maíz con 4 cucharadas de agua. Agregue la salsa de soya, azúcar, vinagre, jugo de naranja y puré de tomate. Mezcle hasta integrar por completo.

3 Vierta la salsa en un cazo pequeño y hierva. Reduzca la temperatura y cocine a fuego lento de 2 a 3 minutos o hasta que la salsa espese y se integre.

4 Mientras tanto, caliente un wok o sartén grande para freír y agregue el aceite de girasol y mantequilla. Cuando ésta se derrita, agregue las hojas chinas preparadas y pak choi, espolvoree con sal y saltee 2 minutos. Reduzca el calor y cocine suavemente por 1 ó 2 minutos más, o hasta suavizar.

5 Pase las hojas chinas y pak choi a un platón y rocíe son la salsa caliente. Adorne con las semillas de ajonjolí y sirva de inmediato.

DATO CULINARIO

Las hojas chinas tienen un sabor suave y delicado ligeramente parecido a la col. Son hojas de color claro, apretadas y crujientes. Sus tallos son blancos y crocantes. Actualmente se cultivan e importan de España, Holanda e Israel, por lo que se pueden encontrar durante todo el año. Se conservan frescas por lo menos una semana en el cajón de verduras del refrigerador.

SALTEADO DE FRIJOL Y NUEZ DE LA INDIA

INGREDIENTES — Rinde 4 porciones

- 3 cucharadas de aceite de girasol
- 1 cebolla, pelada y finamente picada
- 1 tallo de apio, limpio y picado
- 2.5 cm/1 in de jengibre fresco, sin piel y rallado
- 2 dientes de ajo, sin piel y machacados
- 1 chile rojo, sin semillas y finamente picado
- 175 g/6 oz de ejotes, limpios y en mitades
- 175 g/6 oz de chícharo chino, rebanado diagonalmente en 3 partes
- 75 g/3 oz de nuez de la india sin sal
- 1 cucharadita de azúcar morena
- 125 ml/4 fl oz de consomé vegetal
- 2 cucharadas de jerez seco
- 1 cucharada de salsa de soya clara
- 1 cucharadita de vinagre de vino tinto
- sal y pimienta negra recién molida
- cilantro recién picado, para adornar

1 Caliente un wok o sartén grande para freír, agregue el aceite y, cuando esté caliente, añada la cebolla y apio; saltee de 3 a 4 minutos o hasta suavizar.

2 Agregue el jengibre, ajo y chile; saltee 30 segundos. Incorpore los ejotes y chícharo chino junto con los nueces de la india; fría 1 ó 2 minutos más o hasta dorar los nueces de la india.

3 Disuelva el azúcar en el consomé, mezcle con el jerez, salsa de soya y vinagre. Incorpore la mezcla de vainas y hierva. Reduzca la temperatura y cocine a fuego lento de 3 a 4 minutos, moviendo de vez en cuando, o hasta que los ejotes y chícharos estén suaves pero aún crujientes y la salsa haya espesado ligeramente. Sazone al gusto con sal y pimienta. Pase a un platón caliente o sirva en platos individuales.

Adorne con el cilantro picado y sirva de inmediato.

DATO CULINARIO

El cilantro fresco, cálido y con sabor a especia se presenta frecuentemente en los platillos chinos y en especial en los tai. Se parece al perejil liso, pero su sabor es totalmente diferente. A menudo se vende con raíz, la cual algunas veces se usa en la pasta de curry estilo tai ya que su sabor es mucho más fuerte que el de las hojas.

Arroz Frito con Bambú y Jengibre

INGREDIENTES — Rinde 4 porciones

4 cucharadas de aceite de girasol

1 cebolla, pelada y finamente picada

225 g/8 oz de arroz de grano largo

3 dientes de ajo, sin piel y cortados en lajas

2.5 cm/1 in de jengibre fresco, sin piel y rallado

3 cebollitas de cambray, limpias y picadas

450 ml/¾ pt de consomé vegetal

125 g/4 oz de champiñones, lavados y en mitades

75 g/3 oz de chícharos congelados precocidos, descongelados

2 cucharadas de salsa de soya clara

1 lata de 500 g de tallos de bambú, drenados y en rebanadas delgadas

sal y pimienta negra recién molida

pimienta de cayena, al gusto

hojas de cilantro fresco, para adornar

1 Caliente un wok, agregue el aceite y, cuando esté caliente, añada la cebolla. Cocine suavemente de 3 a 4 minutos. Añada el arroz de grano largo y cocine de 3 a 4 minutos o hasta dorar, moviendo constantemente.

2 Agregue el ajo, jengibre y cebollitas de cambray picadas y mezcle. Vierta el consomé de pollo en un cazo pequeño y hierva. Incorpore cuidadosamente el consomé caliente al wok, mezcle y hierva a fuego lento 10 minutos o hasta que se absorba la mayoría del líquido.

3 Incorpore los champiñones, chícharos y salsa de soya y continúe cocinando 5 minutos más, o hasta que el arroz esté suave. Si fuera necesario, agregue un poco más de consomé.

4 Añada los tallos de bambú y mezcle con cuidado. Sazone al gusto con sal, pimienta y pimienta de cayena. Cocine de 2 a 3 minutos o hasta que esté caliente. Coloque en un platón caliente, adorne con hojas de cilantro y sirva de inmediato.

DATO CULINARIO

Los champiñones planos y los que tienen capucha en realidad son el mismo tipo de hongo pero en diferente estado de madurez. Los champiñones con capucha son los más jóvenes y por lo tanto su sabor es más suave. En esta receta también puede usar hongos chestnut de capucha café, que son parecidos pero tienen un sabor a nuez más acentuado.

ROLLOS PRIMAVERA CON VEGETALES MIXTOS

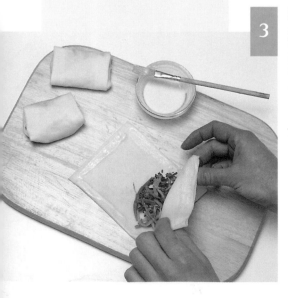

INGREDIENTES — Rinde 12 porciones

- 2 cucharadas de aceite de ajonjolí
- 125 g/4 oz de flores de brócoli, cortadas en piezas pequeñas
- 125 g/4 oz de zanahorias, peladas y en juliana
- 125 g/4 oz de calabacitas, cortadas en tiras
- 150 g/5 oz de champiñones, finamente picados
- 2.5 cm/1 in de jengibre fresco, sin piel y rallado
- 1 diente de ajo, sin piel y finamente picado
- 4 cebollitas de cambray, limpias y finamente picadas
- 75 g/3 oz de germinado de frijol
- 1 cucharada de salsa de soya clara
- 1 pizca de pimienta de cayena
- 4 cucharadas de harina simple
- 12 hojas de pasta filo
- 300 ml/½ pt de aceite de maní
- rizos de cebollitas de cambray, para adornar

1 Caliente un wok, agregue el aceite de ajonjolí y, cuando esté caliente, agregue el brócoli, zanahorias, calabacitas, champiñones, jengibre, ajo y cebollitas de cambray. Saltee de 1 a 2 minutos o hasta suavizar ligeramente.

2 Coloque en un tazón, agregue el germinado, salsa de soya y pimienta de cayena; mezcle. Pase los vegetales a un colador y escurra 5 minutos. Mientras tanto, mezcle la harina con 2 ó 3 cucharadas de agua para formar una pasta y reserve.

3 Doble una hoja de pasta filo a la mitad y una vez más a la mitad, barnizando ligeramente con agua entre las capas. Coloque una cucharada de la mezcla de vegetales escurridos sobre la pasta. Ponga un poco de la pasta de harina en sus orillas. Doble éstas hacia el centro y selle. Repita esta operación con el resto.

4 Limpie el wok, vuelva a colocar sobre el calor, agregue el aceite y caliente a 190°C/375°F. Añada los rollos primavera por tandas y fría de 2 a 3 minutos o hasta dorar. Escurra sobre toallas de papel. Acomode en un platón, adorne con rizos de cebollitas de cambray y sirva de inmediato.

CONSEJO SABROSO

Para obtener una versión light de este platillo, puede hornear los rollos primavera. Barnícelos ligeramente con aceite de maní, coloque sobre una charola de hornear y cocine en la parrilla central de un horno precalentado a 190°C/375°F durante 10 minutos o hasta que estén dorados y crujientes.

CURRY ESTILO TAI CON TOFU

INGREDIENTES　　　　　Rinde 4 porciones

750 ml/1¼ pts de leche de coco

700 g/1½ lb de tofu, escurrido y
　cortado en cubos pequeños

sal y pimienta negra recién
　molida

4 dientes de ajo, sin piel y picados

1 cebolla grande, pelada y
　cortada en rebanadas

1 cucharadita de chiles secos
　machacados

cáscara rallada de 1 limón agrio

2.5 cm/1 in de jengibre fresco, sin
　piel y rallado

1 cucharada de cilantro molido

1 cucharadita de comino molido

1 cucharadita de cúrcuma

2 cucharadas de salsa de soya
　clara

1 cucharadita de fécula de maíz

arroz aromático estilo tai, como
　guarnición

1 Vierta 600 ml/1 pt de leche de coco en una olla y hierva. Agregue el tofu, sazone al gusto con sal y pimienta y cocine a fuego lento 10 minutos. Usando una cuchara perforada, retire el tofu y coloque sobre un plato. Reserve la leche de coco.

2 Coloque el ajo, cebolla, chiles secos, cáscara de limón, jengibre, especias y salsa de soya en una licuadora o procesador de alimentos y mezcle hasta formar una pasta suave. Vierta los 150 ml/¼ pt de leche de coco restante en una olla limpia y bata, integrando la pasta de especias. Cocine, moviendo continuamente, durante 15 minutos o hasta que la salsa de curry esté muy espesa.

3 Integre gradualmente la leche de coco restante al curry y bata. Caliente a fuego lento hasta hervir. Agregue el tofu cocido y cocine de 5 a 10 minutos. Mezcle la fécula de maíz con 1 cucharada de agua fría y agregue al curry. Cocine hasta espesar. Coloque en un platón caliente y adorne con chile, rebanadas de limón y cilantro. Sirva de inmediato con arroz aromático estilo tai.

DATO CULINARIO

Use tofu firme en este platillo, ya sea simple, marinado o ahumado, que puede encontrar en las tiendas de productos saludables y de comida oriental. Hierva a fuego lento muy suavemente en la leche de coco, moviendo única-mente de vez en cuando para que no se rompa. El tofu firme puede refrigerarse hasta por una semana si está cubierto por agua, ésta debe cambiarse de vez en cuando.

OMELETTE CHINO

INGREDIENTES   Rinde 1 porción

50 g/2 oz de germinado de frijol

50 g/2 oz de zanahorias, peladas y cortadas en juliana

1 cm/½ in de jengibre fresco, sin piel y rallado

1 cucharadita de salsa de soya

2 huevos grandes

sal y pimienta negra recién molida

1 cucharada de aceite de ajonjolí oscuro

PARA SERVIR:

ensalada verde mixta

Arroz Frito Especial (página 114)

salsa de soya

1 Lave ligeramente el germinado de frijol y coloque en la parte superior de una olla para cocinar al vapor de bambú junto con las zanahorias. Agregue el jengibre rallado y la salsa de soya. Coloque la olla sobre una sartén o wok llenado hasta la mitad con agua hirviendo, hierva a fuego lento. Cocine al vapor 10 minutos o hasta que los vegetales estén suaves pero aún crujientes. Reserve y mantenga calientes.

2 En un tazón bata los huevos hasta que se esponjen y sazone al gusto con sal y pimienta. Caliente una sartén para omelette o sartén par freír de 20.5 cm/8 in, agregue el aceite de ajonjolí y, cuando esté muy caliente, vierta los huevos batidos. Con un tenedor, extienda los huevos hacia las orillas y deje cocer. Cuando la superficie empiece a burbujear, levante las orillas para permitir que el huevo crudo pase hacia abajo.

3 Coloque la mezcla de germinado y zanahorias sobre la omelette y deje cocinar un poco más. Cuando esté listo, resbale la omelette a un platón caliente y enrolle. Sirva de inmediato con ensalada verde mixta, arroz frito especial y salsa de soya extra.

CONSEJO SABROSO

Varíe los ingredientes del relleno para esta omelette usando cualquier vegetal que tenga en su refrigerador. Haga la prueba con cebollitas de cambray, tiras delgadas de pimientos rojos o verdes, chícharo chino cortadas a lo largo o ejotes. Corte en trozos del mismo tamaño para que se suavicen al mismo tiempo.

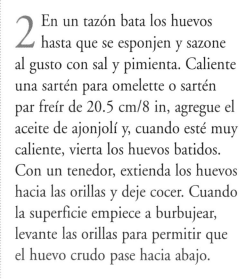

ROLLOS DE CREPA CRUJIENTE

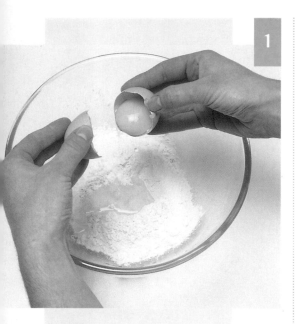

INGREDIENTES

Rinde 8 porciones

250 g/9 oz de harina de trigo

1 pizca de sal

1 huevo mediano

4 cucharaditas de aceite de girasol

2 cucharadas de aceite de oliva claro

2 cm/¾ in de jengibre fresco, sin piel y rallado

1 diente de ajo, sin piel y machacado

225 g/8 oz de tofu, drenado y cortado en dados pequeños

2 cucharadas de salsa de soya

1 cucharada de jerez seco

175 g/6 oz de champiñones, lavados y picados

1 tallo de apio, limpio y finamente picado

2 cebollitas de cambray, limpias y finamente picadas

2 cucharadas de aceite de maní

1 rama de cilantro fresco y cebollitas de cambray rebanadas, para adornar

1 Cierna 225 g/8 oz de harina con la sal sobre un tazón grande, haga un pozo en el centro y coloque el huevo. Bata para formar una pasta suave y ligera, agregando gradualmente 300 ml/½ pt de agua, llevando la harina de los lados del tazón hacia el centro. Aparte mezcle la harina restante con 1 ó 2 cucharadas de agua y haga una pasta gruesa. Reserve.

2 Caliente un poco de aceite de girasol en una sartén para omelette o una sartén para freír de 20.5 cm/8 in y vierta 2 cucharadas de la mezcla. Cocine 1 ó 2 minutos, voltee y cocine 1 ó 2 minutos más, o hasta que esté firme. Retire de la sartén y mantenga caliente. Haga las demás crepas con la mezcla restante.

3 Caliente un wok o sartén grande para freír, agregue el aceite de oliva y, cuando esté caliente, agregue el jengibre, ajo y tofu. Saltee 30 segundos, integre la salsa de soya y jerez. Agregue los champiñones,

cilantro y cebollitas de cambray. Fría 1 ó 2 minutos, retire del wok y deje enfriar.

4 Coloque un poco del relleno en el centro de cada crepa. Barnice las orillas con la pasta de harina, doble las orillas y enrolle. Caliente el aceite de maní en el wok a 180°C/350°F. Fría los rollos de crepa de 2 a 3 minutos o hasta dorar. Sirva de inmediato, adornando con cebollitas de cambray picadas y una rama de cilantro.

CONSEJO

Las crepas pueden hacerse hasta con 24 horas de anticipación. Colóquelas sobre un plato en una sola capa, tape con plástico adherente y refrigere. Déjelas reposar a temperatura ambiente 30 minutos antes de freír.

VERDURAS EN LECHE DE COCO CON FIDEO DE ARROZ

INGREDIENTES   Rinde 4 porciones

75 g/3 oz de crema de coco sólida

1 cucharadita de sal

2 cucharadas de aceite de girasol

2 dientes de ajo, sin piel y
   finamente picados

2 pimientos rojos, sin semillas y
   cortados en juliana

2.5 cm/1 in de jengibre fresco, sin
   piel y cortado en tiras delgadas

125 g/4 oz de elotes miniatura

2 cucharaditas de fécula de maíz

2 aguacates ligeramente maduros
   pero aún firmes

1 lechuga romana pequeña,
   cortada en tiras gruesas

fideo de arroz recién cocido,
   como guarnición

1 Pique toscamente la de crema de coco sólida, coloque en un tazón con la sal, cubra con 600 ml/1 pt de agua hirviendo. Mezcle hasta disolver y reserve.

2 Caliente un wok o sartén grande para freír, agregue el aceite y, cuando esté caliente, añada el ajo picado, pimientos y jengibre. Cocine 30 segundos, tape y guise10 minutos o hasta que los pimientos estén suaves.

3 Agregue la leche de coco reservada y hierva. Incorpore los elotes miniatura, tape y cocine a fuego lento 5 minutos. Disuelva la fécula de maíz en 2 cucharaditas de agua, coloque en el wok y cocine, moviendo, durante 2 minutos o hasta espesar ligeramente.

4 Corte el aguacate a la mitad, pele, retire el hueso y rebane. Coloque en el wok con las tiras de lechuga y mezcle hasta integrar y calentar por completo. Sirva de inmediato sobre una cama de fideo de arroz.

DATO CULINARIO

El fideo plano de arroz seco, las tiras de arroz y el fideo de arroz para salteado están hechos de harina de arroz y vienen en diferentes gruesos. Revise las instrucciones de cocción que vienen en el paquete; por lo general, tendrá que remojarlo ligeramente en agua hirviendo aproximadamente de 2 a 3 minutos, o un poco más de tiempo si usa agua caliente.

FIDEO FRITO ESTILO TAI

INGREDIENTES — Rinde 4 porciones

450 g/1 lb de tofu

2 cucharadas de jerez seco

125 g/4 oz de fideo de huevo mediano

125 g/4 oz de chícharo chino, en mitades

3 cucharadas de aceite de maní

1 cebolla, pelada y en rebanadas delgadas

1 diente de ajo, sin piel y en rebanadas delgadas

2.5 cm/1 in de jengibre fresco, sin piel y en rebanadas delgadas

125 g/4 oz de germinado de frijol

1 cucharada de salsa de pescado estilo tai

2 cucharadas de salsa de soya clara

½ cucharadita de azúcar

sal y pimienta negra recién molida

½ calabacita, cortada en juliana

PARA ADORNAR:

2 cucharadas de cacahuate asado, picado toscamente

ramas de albahaca fresca

1 Corte el tofu en cubos y coloque en un tazón. Bañe con el jerez y mezcle hasta cubrir. Tape ligeramente y marine en el refrigerador 30 minutos.

2 En una olla grande, hierva agua ligeramente salada y agregue el fideo y el chícharo chino. Reduzca la temperatura y hierva a fuego lento 3 minutos, o de acuerdo a las instrucciones del paquete. Escurra y enjuague bajo el chorro de agua fría. Deje escurriendo.

3 Caliente un wok o sartén grande para freír, agregue el aceite y, cuando esté caliente, agregue la cebolla; saltee de 2 a 3 minutos. Agregue el ajo y el jengibre; fría de 2 a 3 minutos. Añada el germinado de frijol y tofu, incorpore la salsa de pescado tai y la salsa de azúcar y sazone al gusto con sal y pimienta.

4 Saltee la mezcla de tofu sobre calor medio de 2 a 3 minutos, agregue las calabacitas, fideo y chícharo chino; fría 1 ó 2 minutos más. Coloque en un platón caliente o sirva en platos individuales. Adorne con cacahuates, agregue una rama de albahaca y sirva de inmediato.

DATO CULINARIO

Una de las grandes cualidades del tofu es que prácticamente no tiene sabor y por lo tanto puede marinarse en ingredientes fuertes. En esta receta se mezcla suavemente con jerez y se incorpora al platillo al final de su cocimiento para retener su sabor.

BROCHETAS SATAY DE POLLO Y CORDERO

INGREDIENTES   Rinde 16 porciones

225 g/8 oz de pollo sin hueso ni piel
225 g/8 oz de cordero magro

PARA LA MARINADA:

1 cebolla pequeña, sin piel y
   finamente picada
2 dientes de ajo, sin piel y
   machacados
2.5 cm/1 in de jengibre fresco, sin
   piel y rallado
4 cucharadas de salsa de soya
1 cucharadita de cilantro molido
2 cucharaditas de azúcar morena
   oscura
2 cucharadas de jugo de limón sin
   semilla
1 cucharada de aceite vegetal

PARA LA SALSA DE CACAHUATE:

300 ml/½ pt de leche de coco
4 cucharadas de mantequilla de
   cacahuate con trocitos
1 cucharada de salsa de pescado
   tai
1 cucharadita de jugo de limón
   sin semilla
1 cucharada de chile en polvo
1 cucharada de azúcar morena
sal y pimienta negra recién
   molida

PARA ADORNAR

ramas de cilantro fresco
rebanadas de limón

1 Precaliente un asador justo antes de cocinar. Remoje las banderillas para brochetas en agua fría durante 30 minutos. Corte el pollo y cordero en tiras de 7.5 cm/3 in de largo y coloque en 2 platos poco profundos. Mezcle todos los ingredientes de la marinada, vierta la mitad sobre el pollo y la otra mitad sobre el cordero. Revuelva hasta cubrir ligeramente, forre con plástico adherente y marine en el refrigerador por lo menos durante 2 horas, moviendo de vez en cuando.

2 Retire el pollo y el cordero de la marinada e inserte en las banderillas. Reserve la marinada. Cocine bajo el asador precalentado de 8 a 10 minutos o hasta que estén cocidos, volteándolos y barnizándolos con la marinada.

3 Mientras tanto, haga la salsa de cacahuate. Mezcle la leche de coco con la mantequilla de cacahuate, salsa de pescado, jugo de limón, chile en polvo y azúcar. Coloque en un cazo y cocine ligeramente 5 minutos, moviendo de vez en cuando. Sazone al gusto con sal y pimienta. Adorne con las ramas de cilantro y rebanadas de limón. Sirva las brochetas satay acompañando con la salsa preparada.

CONSEJO

Puede usar pinchos de metal para este platillo, pero los de bambú son más tradicionales y baratos. Al remojarlos en agua fría se evita que se quemen durante el cocimiento.

TORTITAS DE MAÍZ DULCE

INGREDIENTES   Rinde de 6 a 8 porciones

250 g/9 oz de harina leudante

3 cucharadas de pasta de curry rojo, estilo tai

2 cucharadas de salsa de soya clara

2 cucharaditas de azúcar

2 hojas de lima kaffir, finamente picadas

12 ejotes delgados, limpios, finamente picados y blanqueados

1 lata de 340 g de maíz dulce, drenado

sal y pimienta negra recién molida

2 huevos medianos

50 g/2 oz de migas de pan blanco fresco

aceite vegetal para fritura profunda

PARA LA SALSA PARA REMOJAR:

2 cucharadas de salsa hoisin

1 cucharada de azúcar morena clara

1 cucharada de aceite de ajonjolí

PARA ACOMPAÑAR:

rebanadas de pepino en mitades

cebollitas de cambray, rebanadas en diagonal

1 Coloque la harina en un tazón, haga un pozo en el centro, agregue la pasta de curry, salsa de soya, azúcar, hojas de lima kaffir, ejotes y maíz dulce. Sazone al gusto con sal y pimienta. Bata 1 huevo e incorpore a la mezcla. Revuelva con un tenedor, e integre 1 ó 2 cucharadas de agua fría para formar una masa dura. Amase ligeramente sobre una superficie enharinada y haga una bola.

2 Divida la mezcla en 16 piezas y forme bolitas. Aplane para formar tortitas de aproximadamente 1 cm/½ in de grueso y 7.5 cm/3 in de diámetro. Bata el huevo restante y coloque en un plato poco profundo. Remoje las tortitas en el huevo batido y cubra ligeramente con las migas de pan.

3 Caliente el aceite en el wok o freidora para fritura profunda a 180°C/350°F. Fría las tortitas de 2 a 3 minutos, o hasta dorar. Usando una cuchara perforada, retire y escurra sobre toallas de papel.

4 Mientras tanto, mezcle la salsa hoisin, azúcar, 1 cucharada de agua y el aceite de ajonjolí hasta integrar. Vierta en un tazón pequeño. Sirva de inmediato con las tortitas de maíz dulce, pepino y cebollitas de cambray.

CONSEJO

Si no encuentra hojas de lima, sustituya por 2 cucharaditas de ralladura de cáscara de limón sin semilla o limón agrio.

SOPA AGRI-PICANTE DE CAMARONES

INGREDIENTES   Rinde 4 porciones

50 g/2 oz de fideo de arroz

25 g/1 oz de hongos chinos secos

4 cebollitas de cambray, limpias

2 chiles verdes pequeños

3 cucharadas de cilantro recién
   picado

600 ml/1 pt de consomé de pollo

2.5 cm/1 in de jengibre fresco, sin
   piel y rallado

2 tallos de hierba-limón, sin hojas
   exteriores y finamente picados

4 hojas de lima kaffir

12 camarones grandes crudos, sin
   piel, con cola

2 cucharadas de salsa de pescado
   tai

2 cucharadas de jugo de limón sin
   semilla

sal y pimienta recién molida

1 Coloque el fideo en agua fría y remoje mientras prepara la sopa. Ponga los hongos secos en un tazón pequeño, cubra con agua muy caliente y remoje de 20 a 30 minutos. Escurra, cuele, reserve el líquido de remojo y deseche los tallos duros de los hongos.

2 Pique finamente las cebollitas de cambray y coloque en un tazón pequeño. Cubra con agua con hielo y refrigere hasta que se ricen.

3 En un mortero, muela los chiles verdes con 2 cucharadas de cilantro picado y haga una pasta.

4 Vierta el consomé en un cazo y hierva ligeramente. Incorpore el jengibre, hierba-limón y hojas de lima con los hongos reservados y su líquido. Vuelva a hervir.

5 Escurra el fideo, agregue a la sopa con los camarones, salsa de pescado tai y jugo de limón. Incorpore la pasta de chile y cilantro;

hierva. Reduzca la temperatura y cocine a fuego lento 3 minutos. Incorpore el cilantro picado restante y sazone al gusto con sal y pimienta. Pase a tazones calientes adornando con los rizos de cebollitas de cambray y sirva de inmediato.

CONSEJO ÚTIL

Necesitará unos 150 ml/¼ pt de agua casi hirviendo para cubrir los hongos chinos secos. Después de remojar los hongos, enjuáguelos bajo un chorro de agua fría para remover cualquier traza de arena. También cuele el agua en que los remojó con un colador fino o una pieza de muselina antes de agregalo al caldo.

BOLSITAS DE PUERCO DIM SUM

1

INGREDIENTES   Rinde aproximadamente 40 porciones

1 lata de 125 g/4 oz de castañas de agua, drenadas y finamente picadas

125 g/4 oz de camarón crudo, sin piel, desvenado y picado toscamente

350 g/12 oz de carne de puerco recién molida

2 cucharadas de tocino ahumado, finamente picado

1 cucharada de salsa de soya clara, más la necesaria para acompañar

1 cucharadita de salsa de soya oscura

1 cucharada de vino de arroz chino

2 cucharadas de jengibre fresco, sin piel y finamente picado

3 cebollitas de cambray, limpias y finamente picadas

2 cucharaditas de aceite de ajonjolí

1 clara de huevo mediano, ligeramente batida

sal y pimienta negra recién molida

2 cucharaditas de azúcar

40 crepas wonton, descongeladas

semillas de ajonjolí tostadas, para adornar

salsa de soya, para servir

2

1 En un tazón, coloque las castañas de agua, camarones, carne molida de puerco y tocino; mezcle. Agregue las salsas de soya, vino de arroz chino, jengibre, cebollitas de cambray picadas, aceite de ajonjolí y clara de huevo. Sazone al gusto con sal y pimienta, espolvoree con el azúcar y mezcle hasta integrar.

2 Coloque una cucharada del relleno en el centro de una crepa wonton. Levante los lados y presione alrededor del relleno para darle forma de canasta. Aplane la base de la crepa, para que se detenga. La parte superior debe quedar abierta para que se vea el relleno. Repita la operación con las demás crepas.

3

3 Coloque las piezas en un refractario sobre una rejilla de alambre dentro de un wok o en la base de una vaporera de bambú forrada con manta de cielo. Ponga el plato dentro de un wok con agua hirviendo hasta la mitad o sobre la base de una vaporera de bambú. Tape y cocine al vapor durante 20 minutos. Repita la operación con las demás bolsitas. Pase a un platón caliente, espolvoree con las semillas de ajonjolí, rocíe con salsa de soya y sirva de inmediato.

DATO CULINARIO

Estas bolsitas o dumplings cocidas al vapor se conocen en China con el nombre de shao mai que quiere decir "cocine y venda" y son muy populares en los puestos de comida que hay en las calles. Sírvalos con una selección de salsas para remojar, como la salsa de chile dulce o una mezcla de jengibre rallado con un poco de miel de abeja clara, salsa de soya, aceite de ajonjolí y vinagre de arroz o jerez.

PAVO CON HONGOS ORIENTALES

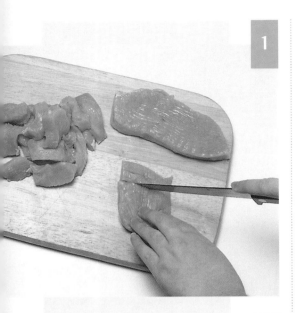

INGREDIENTES · Rinde 4 porciones

15 g/½ oz de hongos chinos
secos

450 g/1 lb de filetes de pechuga
de pavo

150 ml/¼ pt de consomé de pavo
o pollo

2 cucharadas de aceite de maní

1 pimiento rojo, sin semillas y en
rebanadas

225 g/8 oz de arvejas dulces,
limpias

125 g/4 oz de hongos shiitake,
lavados y en mitades

125 g/4 oz de hongos oyster,
lavados y en mitades

2 cucharadas de salsa de frijol
amarillo

2 cucharadas de salsa de soya

1 cucharada de salsa de chile
picante

fideo recién cocido, como
guarnición

1 Coloque los hongos secos en un tazón pequeño, cubra con agua muy caliente y deje remojar de 20 a 30 minutos. Escurra y deseche los tallos duros de los hongos. Corte el pavo en tiras delgadas.

2 Vierta el consomé de pavo o pollo en un wok o sartén grande para freír y hierva. Agregue el pavo y cocine suavemente 3 minutos, o hasta sellar el pavo por completo. Con una cuchara perforada, retire del wok y reserve. Deseche todo el consomé.

3 Limpie el wok y recaliente. Agregue el aceite y cuando casi humee, agregue el pavo escurrido; saltee 2 minutos.

4 Añada los hongos escurridos, pimiento rojo, arvejas dulces y hongos shiitake y oyster. Saltee 2 minutos, agregue las salsas de frijol amarillo, soya y chile picante.

5 Saltee la mezcla 1 ó 2 minutos más, o hasta que el pavo esté totalmente cocido y los vegetales estén cocidos pero ligeramente firmes. Coloque en un platón caliente y sirva de inmediato con fideo recién cocido.

CONSEJO

El pavo no se asocia normalmente con la cocina china o tai. Sin embargo, actualmente está ganando popularidad debido a su bajo contenido de grasa y a la variedad de cortes que se pueden encontrar.

MEJILLONES AROMÁTICOS EN VERDE ESTILO TAI

1

INGREDIENTES

Rinde 4 porciones

2 kg/4½ lb de mejillones frescos

4 cucharadas de aceite de oliva

2 dientes de ajo, sin piel y finamente rebanados

3 cucharadas de jengibre fresco, sin piel y finamente rebanado

3 tallos de hierba-limón, sin hojas exteriores y finamente rebanado

de 1 a 3 chiles rojos o verdes, sin semillas y picados

1 pimiento verde, sin semillas y cortado en dados

5 cebollitas de cambray, limpias y finamente rebanadas

3 cucharadas de cilantro recién picado

1 cucharada de aceite de ajonjolí jugo de 3 limones

1 lata de 400 ml de leche de coco pan crujiente caliente, para acompañar

2

1 Talle los mejillones bajo el chorro de agua fría, retirando sus barbas. Deseche los que estén rotos, tengan la concha dañada o estén abiertos y no cierren al tocarlos.

2 Caliente un wok o sartén grande para freír, agregue el aceite de oliva y, cuando esté caliente, agregue los mejillones. Agite suavemente y cocine 1 minuto. Agregue el ajo, jengibre, hierba-limón rebanado, chiles, pimiento verde, cebollitas de cambray, 2 cucharadas del cilantro picado y el aceite de ajonjolí.

3 Saltee sobre calor medio de 3 a 4 minutos o hasta que los mejillones estén cocidos y se hayan abierto. Deseche los que estén cerrados.

4

4 Coloque el jugo de limón con la leche de coco en el wok y hierva. Ponga los mejillones y el líquido en el que se cocieron en tazones individuales calientes. Adorne con el cilantro picado y

sirva de inmediato acompañando con pan crujiente caliente.

CONSEJO

En Tailandia, los mejillones, al igual que otros crustáceos, a menudo se comen crudos. Entre menos cocidos estén, serán mejores ya que si se cuecen demasiado se hacen duros y pierden su fresco sabor marino. Agregue jugo de limón y leche de coco en cuanto abran y hierva rápidamente. Compre los mejillones con menos de 24 horas de anticipación para que estén realmente frescos.

LANGOSTA AL JENGIBRE

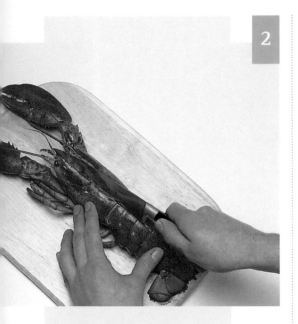

INGREDIENTES   Rinde 4 porciones

1 tallo de apio, limpio y finamente picado

1 cebolla, pelada y picada

1 poro pequeño, limpio y picado

10 granos de pimienta negra

1 langosta viva de 550 g/1¼ lb

25 g/1 oz de mantequilla

75 g/3 oz de camarones crudos, sin piel y finamente picados

6 cucharadas de consomé de pescado

50 g/2 oz de jengibre fresco, sin piel y cortado en juliana

2 chalotes, sin piel y finamente picados

4 hongos shiitake, lavados y finamente picados

1 cucharadita de granos de pimienta verde-, escurridos y machacados

2 cucharadas de salsa de ostión

pimienta negra recién molida

¼ cucharadita de fécula de maíz

ramas de cilantro fresco, para adornar

arroz tai recién cocido y mezcla de poro picado, cilantro y chile rojo para acompañar

1 Coloque el apio, cebolla y poro en una sartén grande con los granos de pimienta negra. Vierta 2 l/3½ pts de agua hirviendo, hierva 5 minutos, sumerja la langosta y hierva otros 8 minutos más.

2 Retire la langosta. Cuando se haya enfriado lo suficiente para poder manejarla, colóquela sobre su torso. Usando un cuchillo filoso, parta a la mitad a todo lo largo. Retire y deseche la vena intestinal de la cola, el estómago (que está cerca de la cabeza) y las agallas internas tóxicas o dedos de hombre muerto. Retire la carne del caparazón y las pinzas; corte en trozos.

3 Caliente un wok o sartén grande para freír, agregue la mantequilla y, cuando se haya derretido, añada los camarones crudos y el consomé de pescado. Saltee 3 minutos o hasta que los camarones cambien de color. Agregue el jengibre, chalotes, hongos, pimientos verdes y salsa de ostión. Sazone al gusto con pimienta negra. Integre la langosta. Saltee de 2 a 3 minutos.

4 Disuelva la fécula de maíz en 1 cucharadita de agua para formar una pasta espesa, coloque en el wok y cocine, moviendo hasta que espese. Coloque la langosta sobre un platón caliente y cubra con la salsa. Adorne y sirva de inmediato.

CONSEJO

Si no encuentra una langosta viva, use una congelada o pre-cocida. Ya no tendrá que cocerla en agua salada, sólo corte y siga las demás instrucciones.

Aromático Pato Crujiente

INGREDIENTES   Rinde de 4 a 6 porciones

2 cucharadas de polvo chino de cinco especias

75 g/3 oz de granos de pimienta Szechuan, ligeramente machacados

25 g/1 oz de granos de pimienta enteros, ligeramente machacados

3 cucharadas de semillas de comino, ligeramente machacadas

200 g/7 oz de sal de roca

2.7 kg/6 lb de pato listo para hornear

7.5 cm/3 in de jengibre fresco, sin piel y partido en 6 piezas

6 cebollitas de cambray, limpias y partidas de 7.5 cm/3 in de largo

fécula de maíz para espolvorear

1.1 l/2 pts de aceite de maní

PARA ACOMPAÑAR:

crepas chinas calientes

cebollitas de cambray, cortadas en juliana

pepino, cortado en rebanadas a lo largo

salsa hoisin

1 Mezcle el polvo chino de cinco especias, los granos de pimienta Szechuan y granos de pimienta negra, semillas de comino y sal. Frote el pato por dentro y por fuera con la mezcla de especias. Envuelva con plástico adherente y meta al refrigerador durante 24 horas. Retire las especies sueltas. Coloque el jengibre y cebollitas de cambray en la cavidad del pato y póngalo en un refractario.

2 Coloque una rejilla de alambre dentro de un wok con agua hirviendo hasta 5 cm/2 in. Coloque el refractario con el pato sobre la rejilla y tape. Cocine al vapor suavemente durante 2 horas o hasta que esté totalmente cocido, retirando el exceso de grasa de vez en cuando y agregando más agua si fuera necesario. Retire el pato, deseche todo el líquido, el jengibre y las cebollitas de cambray. Deje reposar a temperatura ambiente 2 horas o hasta que esté seco y frío.

3 Corte el pato en cuartos y espolvoree ligeramente con fécula de maíz. Caliente el aceite en un wok o freidora para fritura profunda a 190°C/375°F, fría los cuartos de pato de 2 en 2. Cocine la pechuga de 8 a 10 minutos y los muslos y piernas de 12 a 14 minutos, o hasta que estén calientes. Escurra sobre toallas de papel, desmenuce con un tenedor. Sirva de inmediato con crepas chinas calientes, hilos de cebollitas de cambray, rebanadas de pepino y salsa hoisin.

CONSEJO SABROSO

Para obtener de 4 a 6 porciones necesitará 20 crepas. Barnice o rocíe cada una con un poco de agua y unas gotas de aceite de ajonjolí. Apílelas en un plato, colóquelas en una vaporera y caliéntelas 10 minutos.

POLLO EN AJONJOLÍ ESTILO SZECHUAN

INGREDIENTES
Rinde 4 porciones

1 huevo mediano

1 pizca de sal

2 cucharaditas de fécula de maíz

450 g/1 lb de pechuga de pollo sin hueso ni piel, cortada en tiras de 7.5 cm/3 in

300 ml/½ pt de aceite de maní

1 cucharada de semillas de ajonjolí

2 cucharaditas de salsa de soya oscura

2 cucharaditas de vinagre de sidra

2 cucharaditas de salsa de chilli bean

2 cucharaditas de aceite de ajonjolí

2 cucharaditas de azúcar

1 cucharada de vino de arroz chino

1 cucharadita de granos de pimienta Szechuan, asados

2 cucharadas de cebollitas de cambray, limpias y finamente picadas

ensalada mixta para acompañar

1 Bata la clara de huevo con una pizca de sal y la fécula de maíz. Coloque en un plato poco profundo y agregue las tiras de pollo. Voltee para cubrir, forre con plástico adherente y refrigere 20 minutos.

2 Caliente un wok, agregue el aceite de maní y, cuando esté caliente, agregue las piezas de pollo. Saltee 2 minutos o hasta que el pollo se torne blanco. Usando una cuchara perforada, retire el pollo y escurra sobre toallas de papel. Reserve 1 cucharada del aceite y deseche el resto. Limpie el wok.

3 Recaliente el wok, agregue 1 cucharada del aceite de maní con las semillas de ajonjolí y saltee 30 segundos, o hasta dorar. Incorpore la salsa de soya oscura, vinagre de sidra, salsa de chilli bean, aceite de ajonjolí, azúcar, vino de arroz chino, granos de pimienta Szechuan y cebollitas de cambray. Hierva.

4 Vuelva a poner el pollo en el wok y saltee 2 minutos, asegurándose de que se cubra uniformemente con las salsas y semillas de ajonjolí. Coloque en un platón caliente y sirva de inmediato con una ensalada mixta.

DATO CULINARIO

La pimienta Szechuan, también conocida como pimienta de anís, es en realidad la baya del fresno espinoso, árbol oriundo de China. Tiene un sabor picante y aromático, bastante común en la región de Szechuan. Siempre se debe asar antes de usarse. Si no lo ha hecho, coloque los "granos de pimienta" sobre una charola de hornear y ase en un horno precalentado a 180°C/350°F durante 15 minutos.

TIRAS DE CARNE DE RES AL CHILE

INGREDIENTES
Rinde 4 porciones

450 g/1 lb de bistec de res,
  cortado en tiras muy delgadas
1 cucharada de vino de arroz chino
1 cucharada de salsa de soya clara
2 cucharaditas de aceite de ajonjolí
2 cucharaditas de fécula de maíz
8 chiles rojos, sin semillas
8 dientes de ajo, sin piel
225 g/8 oz de cebolla, rebanada
1 cucharadita de pasta de curry
  rojo, estilo tai
6 cucharadas de aceite de maní

2 pimientos rojos, sin semillas y
  en rebanadas
2 tallos de apio, limpios y
  rebanados
2 cucharadas salsa de pescado Tai
1 cucharada de salsa de soya
  oscura
hojas de albahaca picadas y una
  ramita de albahaca fresca, para
  adornar
fideo recién cocido, como
  guarnición

1 Coloque la carne en un tazón con el vino de arroz chino, salsa de soya, aceite de ajonjolí y fécula de maíz. Mezcle. Tape con plástico adherente y marine en el refrigerador 20 minutos, volteando la carne por lo menos una vez.

2 Coloque los chiles, ajo, cebolla y pasta de curry rojo en el procesador de alimentos y mezcle para formar una pasta suave.

3 Escurra la carne, sacudiendo para quitar el exceso de marinada. Caliente un wok y agregue 3 cucharadas del aceite de maní. Cuando casi humee, añada la carne y saltee 1 minuto. Usando una cuchara perforada retire la carne y reserve.

4 Limpie el wok, recaliente y agregue el aceite restante. Cuando esté caliente agregue la pasta de chile y saltee 30 segundos. Añada los pimientos y apio con la salsa de chile y salsa de soya oscura. Fría 2

minutos. Vuelva a colocar la carne de res en el wok y saltee 2 minutos más o hasta que esté cocida. Coloque en un platón caliente, espolvoree con la albahaca picada y adorne con una ramita de albahaca. Sirva de inmediato acompañando con fideo.

CONSEJO SABROSO

Esta receta contiene una gran cantidad de chile, así como pasta de curry rojo estilo tai, pero si prefiere un platillo menos picante, puede reducir 1 ó 2 chiles. Elija chiles rojos normales en vez de los diminutos tai, que harían este platillo extremadamente irritante.

CARNE DE PUERCO CON TOFU

INGREDIENTES　　　　　Rinde 4 porciones

450 g/1 lb de tofu firme ahumado, drenado

2 cucharadas de aceite de maní

3 dientes de ajo, machacados

2.5 cm/1 in de jengibre fresco, sin piel y finamente picado

350 g/12 oz de carne de puerco molida

1 cucharada de chile en polvo

1 cucharadita de azúcar

2 cucharadas de vino de arroz

chino

1 cucharada de salsa de soya

1 cucharada de salsa de soya clara

2 cucharadas de salsa de frijol amarillo

1 cucharadita de granos de pimienta Szechuan, asadas

75 ml/3 fl oz de consomé de pollo

cebollitas de cambray, rebanadas finamente, para adornar

arroz frito, como guarnición

1 Corte el tofu en cubos de 1 cm/ ½ in y escurra en un colador. Coloque el tofu sobre toallas de papel y seque totalmente durante 10 minutos.

2 Caliente el wok, agregue el aceite de maní y, cuando esté caliente, añada el ajo y jengibre. Saltee unos cuantos segundos para darle sabor al aceite sin dorar los vegetales. Agregue la carne de puerco molida. Fría 3 minutos o hasta que esté sellada y separada.

3 Agregue todos los demás ingredientes excepto el tofu. Hierva la mezcla, reduzca la temperatura. Añada el tofu y mezcle suavemente, teniendo cuidado de no romperlo pero asegurándose de mezclar uniformemente. Hierva a fuego lento, sin tapar, durante 15 minutos, o hasta que el tofu esté suave. Coloque en un platón caliente, adorne con rebanadas de cebollitas de cambray y sirva de inmediato acompañando con arroz frito.

CONSEJO

Al agregar especias como el ajo y jengibre al aceite caliente, asegúrese de cocinarlos únicamente unos segundos para desarrollar su sabor, moviéndolos alrededor de la sartén todo el tiempo y no dejando que se quemen; de otra forma darán un sabor amargo. Cuando agregue carne de puerco molida, separe la carne lo más que pueda para que quede realmente fina.

ARROZ FRITO REAL

INGREDIENTES   Rinde 4 porciones

450 g/1 lb de arroz aromático tai

2 huevos grandes

2 cucharaditas de aceite de
ajonjolí

sal y pimienta negra recién
molida

3 cucharadas de aceite vegetal

1 pimiento rojo, sin semillas y en
dados pequeños

1 pimiento amarillo, sin semillas y
en dados pequeños

1 pimiento verde, sin semillas y
en dados pequeños

2 cebollas moradas, sin piel y en
dados

125 g/4 oz de elotes dulces

125 g/4 oz de camarones sin piel y
pre-cocidos, descongelados

125 g/4 oz de carne de cangrejo
blanco, drenado si fuera de lata

¼ cucharadita de azúcar

2 cucharaditas de salsa de soya

PARA ADORNAR:

rosas de rábano

hojas enteras de cebollín fresco

1 Coloque el arroz en un colador,
enjuague con agua fría y escurra.
Coloque en una olla y agregue el
doble de agua, moviendo brevemente.
Hierva, tape, reduzca la temperatura y
cocine a fuego lento 15 minutos sin
mover. Si el arroz ya absorbió toda el
agua, agregue un poco más. Continúe
hirviendo a fuego lento, sin tapar, 5
minutos más o hasta que el arroz esté
totalmente cocido y el agua se haya
evaporado. Deje enfriar.

2 Coloque los huevos, aceite de
ajonjolí y una pizca de sal en un
tazón pequeño. Usando un tenedor,
mezcle hasta romper el huevo. Reserve.

3 Caliente un wok y agregue 1
cucharada del aceite vegetal.
Cuando esté muy caliente, saltee los
pimientos, cebolla y granos de elote
2 minutos o hasta que la cebolla se
suavice. Retire los vegetales y reserve.

4 Limpie el wok y agregue el aceite
restante. Cuando esté muy
caliente, agregue el arroz cocido frío
y saltee 3 minutos, o hasta calentar
por completo. Incorpore la mezcla
de huevo y continúe salteando de 2
a 3 minutos o hasta que los huevos
estén listos.

5 Agregue los camarones y carne
de cangrejo al arroz. Saltee 1
minuto. Sazone al gusto con sal y
pimienta y añada el azúcar con la
salsa de soya. Bata para mezclar y
pase a un platón caliente. Adorne
con una flor de rábano y con hojas
enteras de cebollín fresco.

CONSEJO SABROSO

Para obtener un arroz con más
sabor sustituya el agua por consomé de po!lo o vegetales, ligero
y sin sal.

FIDEO CRUJIENTE DE POLLO

INGREDIENTES

Rinde 4 porciones

1 clara de huevo mediano

2 cucharaditas de fécula de maíz

sal y pimienta blanca recién molida

225 g/8 oz de pechuga de pollo sin
  hueso ni piel, en dados

225 g/8 oz de fideo de huevo chino,
  mediano

200 ml/7 fl oz de aceite de maní

2 cucharadas de vino de
  arroz chino

2 cucharadas de salsa de ostión

1 cucharada de salsa de soya clara

300 ml/½ pt de consomé de pollo

1 cucharada de fécula de maíz

PARA ADORNAR:

rizos de cebollitas de cambray

nueces de la india tostadas

1 En un tazón mezcle la clara de huevo con la fécula de maíz, sazone al gusto con sal y pimienta, agregue el pollo y mezcle para cubrir. Refrigere 20 minutos. Blanquee el fideo 2 minutos en una olla grande con agua salada hirviendo y escurra.

2 Caliente un wok o sartén grande para freír y agregue 2 cucharadas del aceite de maní. Cuando esté caliente, extienda el fideo uniforme-mente sobre la superficie, reduzca a temperatura baja y cocine 5 minutos o hasta dorar por ese lado. Voltee con cuidado, agregando más aceite si fuera necesario, y cocine hasta que ambos lados estén dorados. Reserve y mantenga caliente.

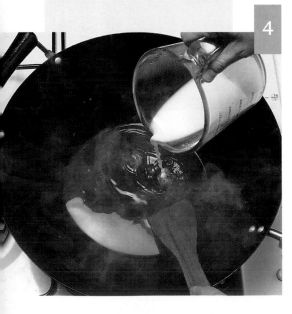

3 Escurra el pollo. Limpie el wok, recaliente y agregue el aceite de maní restante. Cuando esté caliente, agregue el pollo y saltee 2 minutos. Usando una cuchara perforada, retire y escurra sobre toallas de papel. Mantenga caliente.

4 Limpie el wok, recaliente y agregue el vino de arroz chino, salsa de ostión, salsa de soya y consomé de pollo. Sazone ligeramente y hierva. Disuelva la fécula de maíz en 2 cucharadas de agua hasta formar una pasta y coloque en el wok. Cocine moviendo hasta que la salsa espese. Cocine 1 minuto más.

5 Pase el fideo a platos individuales, cubra con los trozos de pollo crujiente y bañe con la salsa. Adorne con rizos de cebollitas de cambray y con nueces de la india tostadas. Sirva de inmediato.

CONSEJO SABROSO

Al remojar pollo en una mezcla de claras de huevo y fécula de maíz formará una cobertura protectora y crujiente que lo hace suculento.

VERDURAS SALTEADAS

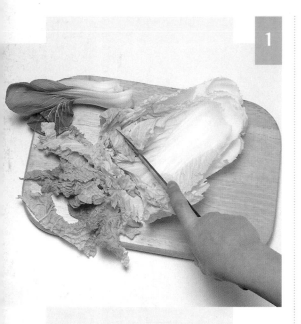

INGREDIENTES

Rinde 4 porciones

450 g/1 lb de hojas chinas

225 g/8 oz de pak choi

225 g/8 oz de flores de brócoli

1 cucharada de semillas de
ajonjolí

1 cucharada de aceite de maní

1 cucharada de jengibre fresco,
sin piel y finamente picado

3 dientes de ajo, sin piel y
finamente picados

2 chiles rojos, sin semillas y
partidos a la mitad

50 ml/2 fl oz de consomé de pollo

2 cucharadas de vino de arroz
chino

1 cucharada de salsa de soya
oscura

1 cucharadita de salsa de soya
clara

2 cucharaditas de salsa de frijol
negro

pimienta negra recién molida

2 cucharaditas de azúcar

1 cucharadita de aceite de ajonjolí

1 Separe las hojas chinas y pak choy, deseche las exteriores; lávelas. Corte en tiras de 2.5 cm/1 in. Separe el brócoli en flores pequeñas. Caliente un wok o sartén grande para freír, agregue las semillas de ajonjolí y saltee 30 segundos o hasta dorar.

2 Agregue el aceite al wok y, cuando esté caliente, añada el jengibre, ajo y chiles. Saltee 30 segundos. Integre el brócoli y fría 1 minuto. Incorpore las hojas chinas y pak choi; saltee 1 minuto más.

3 Vierta el consomé de pollo y vino de arroz chino al wok con las salsas de soya y de frijol negro. Sazone al gusto con pimienta y agregue el azúcar. Reduzca la temperatura y hierva a fuego lento de 6 a 8 minutos o hasta que los vegetales estén suaves, pero firmes al morderlos. Pase a un platón caliente quitando los chiles si lo prefiere. Rocíe con el aceite de ajonjolí y sirva de inmediato.

DATO CULINARIO

En la cocina china y tai a menudo se usa azúcar para perfeccionar y balancear los sabores. Al combinarla con vinagre, como en esta receta, se obtiene un sabor agridulce. Con frecuencia se usa azúcar de palma ya que tiene un ligero sabor a caramelo y proporciona un tono café dorado a los platillos. Puede comprarla en las tiendas de abarrotes orientales, ya sea en paquete o recipiente. Sus cristales irregulares de color café ámbar son un buen sustituto. También puede usar azúcar morena clara o demerara.

COLORIDA CARNE DE RES EN HOJAS DE LECHUGA

INGREDIENTES   Rinde 4 porciones

450 g/1 lb de carne de res molida

2 cucharadas de vino de arroz chino

1 cucharada de salsa de soya clara

2 cucharaditas de aceite de ajonjolí

2 cucharaditas de fécula de maíz

25 g/1 oz de hongos chinos secos

2 cucharadas de aceite de maní

1 diente de ajo, sin piel y machacado

1 chalote, sin piel y finamente picado

2 cebollitas de cambray, limpias y finamente rebanadas

2 zanahorias, sin piel y cortadas

en juliana

125 g/4 oz de tallos de bambú en lata, escurridos y cortados en juliana

2 calabacitas, limpias y cortadas en juliana

1 pimiento rojo, sin semillas y cortado en juliana

1 cucharada de salsa de soya oscura

2 cucharadas de salsa hoisin

2 cucharadas de salsa de ostión

4 hojas de lechuga romana grandes

ramas de perejil liso fresco, para adornar

1 Coloque la carne molida de res en un tazón con 1 cucharada de vino de arroz chino, salsa de soya clara, aceite de ajonjolí y fécula de maíz. Mezcle y deje reposar 20 minutos.

2 Remoje los hongos secos en agua muy caliente 20 minutos. Escurra, enjuague, vuelva a escurrir y exprima el exceso de líquido. Limpie y rebane finamente.

3 Caliente un wok o sartén grande para freír, agregue 1 cucharada del aceite de maní y, cuando esté muy caliente, agregue la carne. Saltee 1 minuto y retire, usando una cuchara perforada. Reserve.

4 Limpie el wok y recaliente. Agregue el aceite restante y, cuando esté caliente, añada el ajo,

chalote y cebollitas de cambray. Saltee 10 segundos. Agregue las zanahorias y fría 1 minuto. Incorpore los hongos con los tallos de bambú, calabacitas y pimiento; saltee 1 minuto. Añada la carne reservada, salsas de soya, hoisin y de ostión al wok y fría 3 minutos.

5 Coloque cucharadas de la mezcla sobre las hojas de lechuga y forme bolsitas. Adorne con ramitas de perejil liso y sirva.

CONSEJO

Use una carne de buena calidad para este platillo, como filete de res molido, fría a calor alto para dorar bien.

SORBETE DE COCO CON SALSA DE MANGO

INGREDIENTES

Rinde 4 porciones

2 hojas de grenetina
250 g/9 oz de azúcar
600 ml/1 pt de leche de coco
2 mangos, sin piel, sin hueso y
  rebanados

2 cucharadas de azúcar glass
cáscara y jugo de 1 limón sin
  semilla

1 Programe el congelador a temperatura de congelación rápida 2 horas antes de congelar el sorbete. Coloque las hojas de grenetina en un plato poco profundo, cubra con agua fría y deje reposar 15 minutos. Exprima el exceso de humedad antes de usarlas.

2 Mientras tanto, coloque el azúcar y 300 ml/½ pt de la leche de coco en un cazo grueso y caliente suavemente, moviendo de vez en cuando, hasta que se disuelva el azúcar. Retire del calor.

3 Agregue la grenetina remojada y mezcle hasta disolver. Integre la leche de coco restante. Deje reposar hasta que se enfríe.

4 Vierta la mezcla de grenetina y coco en el recipiente que va a congelar. Meta al congelador. Congele por lo menos 1 hora, o hasta que la mezcla empiece a formar cristales de hielo. Retire y bata con una cuchara, vuelva a poner en el congelador hasta que se congele, batiendo por lo menos dos veces más.

5 Mientras tanto, haga la salsa. Coloque el mango rebanado, azúcar glass, cáscara y jugo de limón en el procesador de alimentos y mezcle hasta suavizar. Pase a un frasco pequeño.

6 Deje que el sorbete se suavice en el refrigerador por lo menos 30 minutos antes de servir. Sirva bolitas de sorbete en platos individuales y adorne con un poco de salsa de mango. Recuerde volver a poner el congelador a su temperatura normal.

CONSEJO

La grenetina de este sorbete fresco evita que se formen grandes cristales de hielo al congelarse dándole una consistencia cremosa y suave. Puede usar grenetina en polvo si lo prefiere. Espolvoree 2 cucharaditas sobre 2 cucharadas de agua con hielo, deje reposar 5 minutos e integre a la leche de coco caliente al iniciar el paso 3.

BOLITAS DE MASA CON AGUA DE ROSAS Y SALSA DE YOGURT

INGREDIENTES

Rinde 30 porciones

300 g/11 oz de harina leudante, cernida

50 g/2 oz de almendras molidas

75 g/3 oz de mantequilla en cubos

75 ml/3 fl oz de yogurt natural

2 cucharaditas de agua de rosas

cáscara rallada de 1 naranja

600 ml/1 pt de aceite vegetal

65 g/2½ oz de azúcar

cáscara de limón, para decorar

PARA LA SALSA DE YOGURT:

200 ml/7 fl oz de yogurt natural

2 cucharaditas de agua de rosas

cáscara rallada de 1 limón

1 cucharada de azúcar glass, cernida

1 Para hacer la salsa de yogurt, mezcle el yogurt con el agua de rosas, cáscara de limón y azúcar en un tazón pequeño. Vierta en una salsera, forre con plástico adherente y refrigere hasta el momento de servir.

2 Coloque la harina y almendras molidas en un tazón grande y, usando sus dedos, integre la mantequilla hasta que parezca migas finas de pan.

3 Agregue el yogurt, agua de rosas y cáscara de naranja a la mezcla de migas, agregue 50 ml/2 fl oz de agua caliente y mezcle con un cuchillo para formar una masa suave y flexible. Coloque en una tabla ligeramente enharinada, amase 2 minutos o hasta suavizar y divida en 30 bolitas.

4 Caliente el aceite vegetal en un wok grande o freidora a 190°C/375°F, o hasta que al colocar un cubo de pan sisee y se dore. Trabajando en tandas, fría las bolitas de masa de 5 a 6 minutos o hasta

dorar. Usando una cuchara perforada, saque las bolitas del aceite y escurra sobre toallas de papel.

5 Coloque el azúcar sobre un plato y revuelque todas las bolitas de masa en el azúcar hasta cubrir por completo. Decore con un poco de cáscara de limón y sirva de inmediato con la salsa de yogurt.

DATO CULINARIO

El agua de rosas es un líquido claro y aromático, destilado de los pétalos de rosa o del aceite de rosas y se usa en la cocina turca como saborizante. Use una pequeña cantidad ya que es muy fuerte. En esta receta también puede usar agua de flores de naranja, destilada de las flores de naranja de Sevilla.

MOUSSE DE CHOCOLATE Y HIERBA-LIMÓN

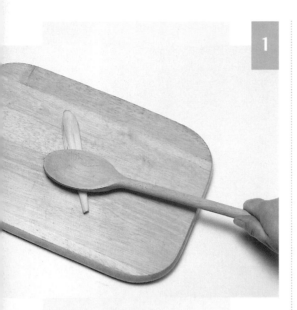

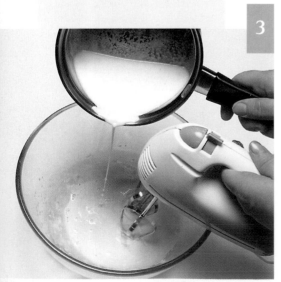

INGREDIENTES

Rinde 4 porciones

3 tallos de hierba-limón, sin las hojas exteriores

200 ml/7 fl oz de leche

2 hojas de grenetina

150 g/5 oz de chocolate de leche, partido en trozos

2 yemas de huevo medianas

50 g/2 oz de azúcar molida

150 ml/¼ pt de crema dulce para batir

jugo de 2 limones

1 cucharada de azúcar molida

cáscara de limón, para decorar

1 Use una cuchara de madera para golpear el hierba-limón y parta a la mitad. Vierta la leche en un cazo grande y grueso, agregue el hierba-limón y hierva. Retire del calor, deje reposar 1 hora y cuele. Coloque la grenetina en un plato poco profundo, cubra con agua fría y deje reposar 15 minutos. Exprima el exceso de humedad antes de usarla.

2 Ponga el chocolate en un tazón pequeño colocado sobre una olla con agua hirviendo a fuego lento. Mueva hasta que se derrita. Asegúrese de que el agua no entre al recipiente.

3 Bata las yemas de huevo y azúcar hasta espesar e integre la leche con hierba-limón. Vierta en una olla limpia y cocine, moviendo constantemente, hasta que empiece a espesar. Retire del calor, integre el chocolate derretido y la grenetina. Deje enfriar unos minutos.

4 Bata la crema dulce para batir hasta que formar picos suaves, integre a la mezcla de leche fría para formar un mousse. Pase a platos individuales para postre o ramekins. Refrigere 2 horas o hasta que cuaje.

5 Justo antes de servir, vierta el jugo de limón en un cazo pequeño, hierva, reduzca la temperatura y cocine a fuego lento 3 minutos o hasta que se reduzca. Agregue el azúcar y caliente hasta disolver, moviendo continuamente. Sirva el mousse bañado con la salsa de limón y decore con cáscara de limón.

CONSEJO

Tenga cuidado de no calentar demasiado el chocolate de leche al derretirlo; el agua en la sartén debe burbujear ligeramente. Le recomendamos apagar el calor tan pronto como el chocolate empiece a derretirse. Compre chocolate especial para repostería teniendo cuidado de que no sea betún.

ARROZ DE COCO CON FRUTAS COCIDAS AL JENGIBRE

INGREDIENTES   Rinde de 6 a 8 porciones

1 varita de vainilla

450 ml/¾ pt de leche de coco

1.1 litros/2 pts de leche semi-descremada

600 ml/1 pt de crema dulce para batir

100 g/3½ oz de azúcar

2 anís estrella

8 cucharadas de coco deshidratado, tostado

250 g/9 oz de arroz de grano largo para pudín

1 cucharadita de mantequilla derretida

2 mandarinas, peladas y sin semillas

1 carambola o fruta estrella, rebanada

50 g/2 oz de jengibre fresco, sin piel y finamente rebanado

300 ml/½ pt de vino blanco dulce azúcar molida, al gusto

1 Precaliente el horno a 160°C/ 325°F. Usando un cuchillo filoso, parta la varita de vainilla a la mitad a lo largo, raspe las semillas y coloque tanto la varita como las semillas en una cacerola gruesa. Integre la leche de coco, la leche semi-descremada y la crema dulce para batir. Agregue el azúcar, anís estrella y 4 cucharadas del coco tostado. Hierva, reduzca la temperatura y cocine a fuego lento 10 minutos, moviendo de vez en cuando. Retire la varita de vainilla y anís estrella.

2 Lave el arroz e integre a la leche. Hierva a fuego lento de 25 a 30 minutos o hasta que esté suave, moviendo con frecuencia. Integre la mantequilla derretida.

3 Divida las mandarinas en gajos y colóquelos en un cazo con la carambola rebanada y el jengibre. Incorpore el vino blanco y los 300 ml/½ pt de agua; hierva. Reduzca la temperatura y cocine a fuego lento 20 minutos o hasta que el líquido se reduzca y la fruta se suavice. Agregue azúcar al gusto.

4 Sirva el arroz, cubra con las frutas y el coco tostado restante.

DATO CULINARIO

La carambola o fruta estrella es de color verde claro amarillento y al cortarla horizontalmente tiene la forma de una estrella. Prácticamente no tiene sabor, solo un rastro agridulce. Cuando se come cruda tiene una consistencia crujiente. Al cocerla en vino blanco y jengibre hace que su sabor sea tan bueno como su apariencia.

TARTA CÍTRICA DE FRUTA DE LA PASÍON Y GRANADA

INGREDIENTES — Rinde 4 porciones

PARA LA PASTA:
175 g/6 oz de harina de trigo
1 pizca de sal
125 g/4 oz de mantequilla
4 cucharaditas de azúcar
1 huevo pequeño, separado

PARA EL RELLENO:
2 frutas de la pasión

175 g/6 oz de azúcar granulada
4 huevos grandes
175 ml/6 fl oz de crema dulce para batir
3 cucharadas de jugo de limón sin semilla
1 granada roja
azúcar glass para espolvorear

1 Precaliente el horno a 200°C/ 400°F. Cierna la harina y la sal sobre un tazón grande. Agregue la mantequilla mezclando hasta que parezca finas migas de pan. Integre el azúcar.

2 Bata la yema de huevo e incorpore a los ingredientes secos. Mezcle hasta formar una masa suave y flexible. Amase suavemente sobre una superficie enharinada hasta suavizar. Envuelva la masa con plástico adherente y deje reposar en el refrigerador 30 minutos.

3 Extienda la masa sobre una superficie ligeramente enharinada y ponga sobre un molde de metal de 25.5 cm/10 in con base plana y desmontable. Cubra la masa con papel encerado y frijoles crudos para hornear. Barnice las orillas de la pasta con clara de huevo y hornee en blanco durante 15 minutos en el horno precalentado. Retire el papel y los frijoles; hornee 5 minutos más. Retire y reduzca la temperatura a 180°C/350°F.

4 Parta la fruta de la pasión a la mitad, saque su pulpa y coloque en un recipiente. En un tazón bata el azúcar con los huevos. Cuando estén bien integrados, agregue la crema dulce para batir con el jugo y pulpa de la fruta de la pasión así como el jugo de limón.

5 Ponga la mezcla sobre la costra precocida y hornee de 30 a 40 minutos o hasta que el relleno esté listo. Retire y deje enfriar ligeramente, refrigere 1 hora. Corte la granada roja a la mitad y pase las semillas a un colador. Coloque las semillas sobre la tarta y espolvoree con azúcar glass justo antes de servir.

CONSEJO

Las granadas rojas tienen piel aterciopelada y su color va desde el amarillo oscuro hasta el púrpura. Tienen un sabor ligeramente ácido muy especial.

ÍNDICE